Regen

Eine
Liebeserklärung

Christian Sauer

Regen

Eine Liebeserklärung an das Wetter, wie es ist

verlag hermann schmidt

Draußen

Aschgraue Wolken ziehen heran, es wird kühler. Ein uralter Instinkt sagt mir, dass ich jetzt Zuflucht suchen sollte, sonst wird es nass und gefährlich. Frieren im Regen, Tropfen im Gesicht, Wasser im Kragen – wer mag das schon?

Ich gehe los. Wie immer ist gar nicht so viel Wasser in der Luft. Auf Planen und Dächern markiert Regen den starken Kerl, schon rein akustisch; draußen wird er mit jedem meiner Schritte schwächer und verliert bald jeden Schrecken.

Die Luft schmeckt wie gefiltert, die Landschaft schimmert. Ich entdecke Farben, Gerüche und Gefühle. Für ein paar Stunden berührt und verwandelt mich der Zauber des Regens. Jeder Tropfen erzählt vom Geheimnis des Lebens.

Drinnen

Ein leises Puckern und Klopfen setzt ein. Es kommt vom Fenster und löst etwas aus in meinem Hirn. Schön, dass es hier drinnen warm und trocken ist. Ich sehe von meinem Buch auf. Die Regentropfen schlagen immer fester gegen die Scheiben, mischen sich in den Takt der Musik.

Ich denke an einen Sonntagnachmittag in Harlem. Ein Wohnzimmerkonzert mit Jazzmusikern, Akkorde, die wie Samt durch den Raum fließen, während sich warmer Regen über den Norden Manhattans legt.

Draußen fällt Regen, benetzt Häuser und Pflanzen, zerfließt, strömt Richtung Meer, der uralte Kreislauf. Drinnen umfließt mich Wohlbefinden. Irgendwie hängt das zusammen.

Regen streicht in Schwaden zu Boden • Ein Kind will in der Pfütze spielen • Kreative lernen, den Regen zu sehen • Petrichor schmeichelt der Nase • Emily Dickinson besingt den Regen • Jim Morissey leidet daran • Kurt Cobain schaut Regentropfen zu • Frankenstein kommt im Regen zur Welt • Wummernder Regen macht müde • Wasser bringt Leben auf die Erde •

Regentropfen tanzen Ballett • Eine Wetter-App führt in die Irre • Gene Kelly ruiniert seinen Anzug • Hugh Grant springen Tropfen vom Kinn • Sieben Samurai kämpfen im Schlamm • Eine Königin hüllt sich in Kautschuk • Die Polizei konfisziert ein Regencape • Der Maler Caspar David Friedrich gibt Goethe einen Korb • Der Himmel erzählt Geschichten • Wellen formen Hochzeitsringe •

Nanotröpfchen lieben Schmutzpartikel • Ein Brummifahrer hasst Regen vom Typ 17 • Sprühregen ist der Terrier unter den Regenarten • Tropfen segeln am Fallschirm zu Boden • Isaac Newton entzaubert den Regenbogen • Findige Wetterkundler verkaufen Hochdruckgebiete • Menschen sind auch nur Lurche • Woody Allen lässt es regnen • China macht den großen Regen •

Vorwort

Es regnet wirklich und ja, die Erde wird nass. Sehr. Neben mir tapst meine kleine Enkelin. Ihre warme Hand hält meine kalte. Sie hüpft vor Freude. In jede noch so kleine Pfütze. Ich ziehe Hosenbeine, Mantelkragen und tatsächlich auch die Schultern hoch und höher. Die Menschen, die uns entgegenkommen, sehen ähnlich verspannt aus. Schietwetter. Meine kleine Enkelin singt. Eine helle, klare Stimme. Sie singt laut – und wenn's genug geregnet hat, dann hört's auch wieder auf. Die Gesichter der Menschen entspannen sich, wenn sie in Hörweite kommen. Schmunzeln. Lächeln. Summen. Meine kleine Enkelin stapft und hüpft und platscht und versucht, mit der Zunge einen Regentropfen aufzufangen.

Wann wurden wir aus dem Wetterparadies vertrieben, in dem Regen Spaß macht? In dem die Zuschreibung »schlechtes Wetter« einfach nicht existiert. In dem Gummistiefelfreude herrscht und Pfützenlust. Und gibt es vielleicht einen Weg zurück zu diesem Einssein mit dem Wetter, wie es ist?

Wer sagt, dass sengende Sonne und Hitze »gut« sind? Warum sollte sanfter Regen »schlecht« sein? Wie oft dürstet die Natur und blüht im wahrsten Sinne auf, wenn der Schauer endlich lospladdert?

Wir haben verlernt, das Wetter so anzunehmen, wie es ist. Und weil nicht jede und jeder eine Enkelin hat, die nimmer endend Regenlieder trällert, bis auch ich hüpfe und wir ausprobieren, ob Seifenblasen Regentropfen standhalten, hat sich Christian Sauer des Regens angenommen. Er geht raus, wenn andere nach Hause eilen. Erkundet den Regen in all seinen Formen und Facetten. Liest Regenerfahrungen anderer. Und widmet dem, was Sie von nun an nicht mehr unbedacht »schlechtes« Wetter nennen werden, eine vielschichtige Liebeserklärung.

Ich wünsche Ihnen viel Freude beim Lesen. Kosten Sie die sprachliche Regensinfonie bis zum letzten Tropfen aus. Und dann lassen Sie sich verzaubern vom nächsten Regen – den Sie mit ganz anderen Augen sehen werden!

Herzlich Ihre
Karin Schmidt-Friderichs

Die ersten Tropfen

Was ist heute für ein Wetter draußen? Sicher wissen Sie es, ohne jetzt aus dem Fenster zu schauen. Sie wissen es schon seit dem ersten Blick nach draußen heute morgen, vielleicht schon seit Tagen, weil Sie die Wettervorhersage gehört oder in die App geschaut haben. Sie wissen, ob die Sonne scheint, Regen fällt oder irgendein Mischwetter herrscht.

Das Wetter ist immer dabei, egal was wir gerade tun, ob drinnen oder draußen. Und es macht einen Unterschied für unsere Stimmung, unsere Leistungsfähigkeit, unser Hirn. Dabei haben wir uns angewöhnt, das Wetter nach einem einfachen Schema zu bewerten: Gutes Wetter (Sonnenschein, aber nicht zu warm) hebt die Stimmung und macht alles leichter. Schlechtes Wetter (starker Regen, Nassschnee, ruppiger Wind, Hitze) lässt die Mundwinkel absacken. Mischwetter (Wolken, ab und zu Regen, kaum Sonne) übersehen wir. Extremwetter (Sturm, Hagel, Eis) ist spannend, aber gefährlich.

Dieses Bewertungsschema hat einen Nachteil. Wenn wir ihm folgen, kommt das häufigste Wetter in Mitteleuropa – Wolken und gelegentlicher Regen – ziemlich schlecht weg, dann ordnen wir unser Normalwetter binnen Millisekunden als lästig und überflüssig ein. Das gilt vor allem für den Regen. Wenn man nicht gerade Landwirt, Winzerin oder passionierter Gärtner ist, erhält der Regen schlechte Noten. Er nervt, zwingt uns unter Schirm und Cape, gefährdet Kleidung und Frisuren. Er beschleunigt unsere Schritte und legt uns nahe, die Zeit, bis er endlich aufhört, mit irgendetwas Nützlichem zu verbringen oder, schlimmer, sie totzuschlagen. Alltagsregen macht unzufrieden, unsozial und missmutig. Viele wünschen ihn weg.

Dieses Buch möchte Ihnen die Augen öffnen für das, was Ihnen entgeht, wenn Sie den üblichen Regen-Reflexen folgen. Dafür, was Sie gewinnen, wenn Sie die andere Seite des Regens wahrnehmen: sein Schillern und Leuchten; die Spannung, die er in sich trägt; seine Kunst, die Menschen zu berühren, zu erfrischen, sie aufzuregen und zu beruhigen.

Ich lade Sie ein: Schauen Sie hinter den Grauschleier unserer kulturellen Prägung, denn er verbirgt die Reize des Regens. Entdecken Sie den Zauber des Wassers, das vom Himmel fällt. Denn was wir unter dem einen Wort Regen zusammenfassen, ist eine eindrückliche Vielfalt – ein Universum für sich, noch weitgehend unentdeckt. Alles, was wir tun müssen, ist: unsere Sinne öffnen. Dann weckt Regen die Phantasie und schenkt uns Inspiration.

Er kann das, weil er so anders ist als unser strukturierter Alltag. Regen ist nicht gegliedert, sondern ein Prozess der Assoziation (des sich zueinander Gesellens); Moleküle verbinden sich zu winzigen Tropfen, diese zu größeren, aus Tropfen wird Regen. Und dann ist der Regen auch schon wieder weg. Es gibt ihn nur im Übergangszustand. Genau das möchte auch dieses Buch widerspiegeln: die Flüchtigkeit, das Zufällige, das Leichte des Regens. Es ist keine Analyse, eher ein Regenspaziergang.

Regen holt uns heraus aus der irrigen Annahme, dass ein Leben nur dann gelingt, wenn man sich immerzu auf festem Terrain bewegt, sich absichert, vorausdenkt. Regen ist der natürliche Gegenimpuls zum Diktat der Optimierung und Selbstoptimierung.

Regen ist das Gegenteil alles Festen, aller Statik. Regen ist ein Wabern, ein Sinken, ein Fallen, ein zufälliges Aufschlagen. Regen schwingt, glänzt, fließt, gluckst.

Regen ist nicht fassbar, gerade deshalb verändert er unseren Blick auf die Welt und uns selbst. Regen ist Chaos. Regen ist Rhythmus. Regen ist Poesie.

Vielleicht spüren Sie trotzdem, wie in diesem Buch Tropfen zu Bächen und Gedanken zu Gedankenströmen zusammenfließen. Wichtiger aber ist Ihre persönliche Erfahrung bei dem Spaziergang, den wir gerade zusammen beginnen. Möge der Regen Sie anregen, beleben und neugierig machen auf die Welt da draußen.

Hamburg, im Sommer 2021
Christian Sauer

Regenzeiten

Regen streicht in Schwaden zu Boden • Ein Kind will in der Pfütze spielen • Kreative lernen, den Regen zu sehen • Petrichor schmeichelt der Nase • Emily Dickinson besingt den Regen • Jim Morissey leidet daran • Kurt Cobain schaut Regentropfen zu • Frankenstein kommt im Regen zur Welt • Wummernder Regen macht müde • Wasser bringt Leben auf die Erde •

Nach der Hitze

Es beginnt mit der Stille. An einem heißen Tag, an dem der Bus vorbeibrummt, Passanten in ihr Handy rufen, ein Güterzug über die Brücke rumpelt – an solch einem Tag halte ich inne, als es eigenartig still wird. Ich blicke von meiner Arbeit auf, schaue aus dem Fenster, gehe auf den Balkon und sehe den Schatten, der sich über die Häuser geschoben hat. Ein mächtiges Wolkenknäuel liegt über der Stadt. In den Wohnungen gehen Lichter an.

Der Schatten verharrt jetzt. Plötzlich fühlt sich der Hochsommer an wie ein Novembertag. Für einen Moment ist da nur noch – Stille. Dann scheinen unten auf der Straße dunkelgraue Punkte auf. Kurz darauf liegt ein feines Rauschen in der Luft, bald wird der Ton dunkler, kraftvoller. Die Straße schimmert matt-schwarz wie der Lack eines Oldtimers. Etwas ändert sich in der Luft. Es wird kühler und ich bewege intuitiv die Arme, um die Luft über die sommerheiße Haut streichen zu lassen. Als das T-Shirt angenehm feucht ist vom Regen, gehe ich rein, setze mich auf einen Stuhl am Fenster und höre dem Rauschen zu, das jetzt behäbig klingt und immer noch dunkler wird. Wasser streicht in Schwaden zu Boden, steigt als Dampf wieder auf, legt sich über alle Dinge. Es ist ein schwerer, ruhiger Regen. Noch bläst kein Windstoß ihn zu Klumpen zusammen.

In der Schule nebenan ist große Pause, Kinder spurten kreischend durch den Tropfenvorhang. Ich öffne alle Fenster und lasse die kühle Luft herein, die mir wie gefiltert vorkommt. Frischluft, die nach Land und Leben duftet und nach dem Staub eines hitzigen Sommers, der in diesem Moment, Ende August, zum ersten Mal einen Hauch von Herbst erahnen lässt.

Gummistiefel-Wetter

Als Kinder nahmen wir das Wetter immer so, wie es gerade war. Für uns, die Babyboomer-Bande aus der Reihenhaussiedlung, gab es Freibad-Wetter, Regenjacken-Wetter, Handschuh-Wetter, Gummistiefel-Wetter. Nichts davon war mit schlechten Gefühlen verbunden, Hitze so wenig wie Regen, Nieselregen so wenig wie Dauerregen. Jedes Wetter wollte erlebt werden.

An den Impuls, mich bei schlechtem Wetter zu verkriechen, erinnere ich mich nicht. Warum drinnen bleiben, wenn draußen die Bäche anschwellen und dringend aufgestaut werden müssen? Warum nicht im Regen Fahrrad fahren, wenn es unter den Reifen gleißend aufspritzt und das Hinterrad in der Kurve so lässig wegrutscht? Warum nicht Fußballspielen, wenn der Ball, bleischwer vollgesogen, das klapprige Tor beim Pfostentreffer fällen kann? Außerdem: Die anderen sind ja draußen, was habe ich dann drinnen zu suchen?

Ein nasses Gesicht, die von innen feuchte Regenjacke, Tropfen, die in den Nacken laufen, dreckverschmierte Knie – das ist nicht alles schön, aber normal. Es gehört dazu, wenn wir der elterlichen Aufsicht entkommen wollen. Und es gibt Büsche und Bäume, unter die wir fliehen können, die uns schützen vor den Blicken und Regeln der Welt. Das Draußen weckt Neugier, bei jedem Wetter. Selbstverständlich auch bei Regen.

Möglich, dass das eine weichgezeichnete Erinnerung ist. Möglich, dass wir damals manchmal lange Gesichter ziehen, wenn Regen schlammig durch die Rinnsteine gurgelt. Wahrscheinlich sogar, dass wir nicht bei jedem Wetter rausgehen können, denn wir wohnen in einer Landschaft, die jede verfügbare Regenwolke anlockt und melkt. Am westlichen Hang eines Mittelgebirges zu leben, ist in Deutschland mit Regen verbunden, viel Regen. Das kann auch für Kinder nicht immer lustig, nicht immer egal sein.

In meiner Erinnerung aber siegt der Drang nach draußen. Nachsehen, was der Regen anschwemmt – das muss einfach sein. Herausfinden, wie rutschig die Schieferfelsen am Waldrand sind und wie sich der Matsch in dem Krater anfühlt, den ein zerbombtes Haus hinterlassen hat.

Den Regen bewerten, ihn kritisch ansehen – das kommt später, als wir die Welt, wie sie ist, hinterfragen müssen; als alles Bestehende zur Zumutung wird: Schule, Familie, die Erwachsenen, das Wetter. Da gerät mir auch der Regen zur feindlichen

Umwelt. Da erschwert er das Dasein und unterstreicht die Tristesse einer Stadt am Rande des Ruhrgebiets mit ihrer sterbenden Industrie, ihren Schlaglöchern, ihrer bemühten Wohlanständigkeit.

Das Wetter meiner Kindheit: temperamentvoll, vielfältig. Sonne, Regen, Schnee, egal.

Das Wetter meiner Jugend: uniform, langweilig, einheitsgrau. Viel kalter Regen. Immer mindestens ein Hauch davon in der Luft.

Heute kehre ich zurück zum Blick meiner Kindheit. Ich übe ihn wieder ein. Die Neugier, die Lust. Ich spüre wieder die Energie des Regens. Den Ruf des Abenteuers. Kapuze auf und raus! Die glitschige Oberfläche eines Stocks umfassen, der Pfützenbrühe einen Ablauf kratzen. An einem schlammigen Hang ausgleiten, den nassen Dreck tief in die Jeans reiben. Sich den Regen von der Stirn streichen und Schlammstreifen tragen wie eine Kriegsbemalung.

Der Regenzauber wartet auf mich, auf Sie, auf alle, die sich die Welt zu eigen machen. Auf alle, die das Wetter nehmen, wie es gerade ist.

Ein Hauch von Wehmut

Noch immer genieße ich die kühle Luft, die durch die offenen Fenster hereinströmt. Während die Regengeräusche langsam lauter werden, kann ich dem Thermometer beim Fallen zusehen. Fünf Grad in zwanzig Minuten. Eine kleine Erlösung nach der Hitze vieler Tage.

Autoreifen zischen. Menschen gehen mit strengen Gesichtern vorbei, im Marschtempo, als würde sie nicht Flipflops, sondern Stiefel tragen. Jugendliche spurten zum nächsten Vordach und schütteln dort die Haare aus. Wer jetzt keinen Schirm hat, braucht heute keinen mehr. Binnen Minuten ist aus dem Geschenk der Natur, der Kühlung nach langer Hitze, eine Zumutung geworden. Ich stehe am Fenster und fühle die Kälte. Obwohl ich diesen Guss sehnsüchtig erwartet habe, spüre ich einen Hauch von Wehmut.

Eben noch waren einzelne, schwere Tropfen zu bewundern, nun fällt der Regen als Masse. Er rieselt und dampft von allen Blättern. Will ich jetzt noch den Zauber der Szenerie erfassen, dann muss ich einen starken Rückzugsimpuls unterdrücken, muss Einschränkungen akzeptieren, das Lästige des Regens auf mich nehmen. Muss mich widersprüchlichen Gefühlen stellen. Regen nervt, außer man nimmt sich die Zeit, ihn anzuschauen und die Regenluft zu schmecken. Regen nervt, außer wir machen uns die Freude, ihm zu begegnen.

Regen als Schule der Wahrnehmung

Nur Kinder begegnen dem Regen eindeutig. Wenn sie in Pfützen springen, gibt es nichts als Spaß. Erwachsene schwanken zwischen Abscheu und Neugier. Wenn wir nicht rausgehen und nachsehen, bleibt es meist bei der Abscheu, denn Regen fordert uns auf, genau hinzusehen, hinzuhören, hinzuspüren.

Ich kenne Menschen, die Experten für Sehen, Hören, Spüren sind und die gern etwas erleben. Sie, die Kreativen, sind es gewöhnt, alle Sinne zu nutzen und ihrer Wahrnehmung zu vertrauen. Sie suchen nach Feinheiten, Impulsen, Dissonanzen. Genau deshalb passt Regen zu ihnen wie ein stilsicheres Kleidungsstück.

Kreative könnten nach Schattierungen im Regengrau und nach Nuancen im Tropfenfall suchen, sich auf die komplexen Stimmungen des Regens einlassen. Wenn sie das tun, lernen sie, ihn immer genauer wahrzunehmen und sich immer differenzierter auszudrücken. Sie entdecken eine jener Grauzonen, in denen es spannend wird. Sie finden eine Sprache, ihre einzigartige Sprache – in Bild, Ton, Text, Gestaltung.

Weil sie sich allen Klischees entziehen, gelingt es Kreativen, im Wettbewerb um Ideen zu bestehen und Neues zu schöpfen. Regen könnte die Schule ihrer Wahrnehmung sein.

Kreative trotzen dem Regen-Klischee

Regen erinnert uns daran, dass die Wahrheit eines kreativen Lebens nicht dort liegt, wo es warm und kuschelig ist. Sicher, Ideen kann man in einer geschützten Umgebung gut ersinnen. Aber Kreativität braucht immer die Konfrontation mit dem raueren Teil der Wirklichkeit. Wer sein schönes Zuhause, sein Vorzeigebüro, die netten Gespräche mit Kollegen, Geschäftspartnern, Stammkunden nicht verlässt, schneidet sich ab von den Wurzeln und Energielinien seiner kreativen Existenz.

Die kleine Überwindung, bei Regen hinauszugehen, ist ein guter Anfang. Wenn andere reingehen, gehen Kreative raus. Um den wachen Geist zu erhalten, verlassen sie den Komfort. Mit einem Spaziergang im Regen trotzen sie dem Rückzugsimpuls. Eine längere Tour, ein kleines Outdoor-Abenteuer – da kommt auch der kreative Regen-Freund an seine Grenzen; genau dahin also, wo das Neue beginnt. Mal draußen übernachten? Schauen, wie man als komfortgewohnter Bürger zurechtkommt, wenn das Wetter so ist, wie es ist – vielleicht auch widrig, hässlich? Wie wäre es damit, einmal eine Novemberwoche in einer Berghütte verbringen, ohne Ablenkung, bei wahrscheinlich tiefgrauem Regenwetter, lost in Schneeregen – was mag da mit uns, mit Ihnen passieren?

Nach diesem Wahrnehmungstraining gehen wir wieder ran an die Wirklichkeit! An die Problemkunden und Projektkrisen, an sperrige Kollegen und verworrene Vorstellungen. Der Geist wird wach und präsent sein.

Regen als Zugang zu Resonanz

Regen setzt Zäsuren. Er fängt an und hört auf. Wenn er stark ist, hindert er uns daran, einfach so weiterzumachen wie geplant. Er zwingt zum Innehalten, zur Reflexion, zu einer Wahrnehmung, die auch nach innen gerichtet ist.

Kreative können beides: sich dem Regen aussetzen und ihm nachgeben. Nachgeben hat einen Wert als Demutsübung, es erinnert uns an die natürlichen Rhythmen des Lebens. An Wechsel und Veränderung, ohne die nichts geht, weil nichts bleibt. Natürlicher Regen ist »unverfügbar«, wie der Soziologe Hartmut Rosa es nennen würde. Gerade deshalb taugt er als fester Bezugspunkt für unruhige Geister, quecksilbrige Menschen – Kreative eben. Regen setzt sich selbst, wir dürfen uns dazu verhalten, dürfen durch ihn Resonanz erleben, die kostbare Rückversicherung im Großen und Ganzen.

Regen kommt und geht, wie er will. Das ist eine kleine Erinnerung daran, dass auch ein kreatives Leben nicht gleichmäßig verläuft, dass es darin Höhen und Tiefen gibt, Erfolg und Scheitern. Nur wer das annimmt, wer sich vom Erfolg so wenig beeindrucken lässt wie vom Scheitern, wird die eigene Linie entdecken.

Herbstgefühle

Der erste Morgen seit langem, an dem die Landschaft von einem Hauch Feuchtigkeit überzogen ist. Die Straße glänzt matt, die Balkonpflanzen schaukeln letzte Tropfen auf ihren Blättern, im Rasen ein verhaltenes Glitzern. Es hat geregnet in der Nacht, die Luft ist kühler als in den Wochen zuvor. Irgendetwas scheint ins Lot zu kommen, ein ersehnter Zustand des Gleichgewichts rückt näher.

Wie die Gehwegplatten jetzt abtrocknen: langsam und nur da, wo die Sonne hinscheint. Eine neue, altbekannte Zeit kündigt sich an. Herbstgefühle.

Petrichor

Das Wort blieb mir zunächst rätselhaft. Ich dachte an Petroleum, aber konnte das der Ursprung sein? Denn was es bezeichnet, das kannte ich, und das hatte mit dem unangenehmen Geruch von Lampenöl nichts zu tun.

Petrichor ist der Duft, der entsteht, wenn nach längerer Trockenheit Regen auf die Erde fällt. Auf die Ackerkrume, auf dürres Gras, auf staubigen Teer und Gehwegplatten. Petrichor riecht schwach, aber doch deutlich, zumindest in den ersten Regen-Minuten. Beschrieben wird dieser Geruch meist als erdig, würzig oder aromatisch – jedenfalls als angenehm und anregend für die Nase, für den Geist.

Das Wort geht auf die griechischen Begriffe »petra« und »ichor« zurück. Eine sehr poetische Wortkomposition: »Petra« bedeutet Fels, Stein; »ichor« ist die Flüssigkeit, die in den Venen der Götter fließt. Da komme ich ins Fabulieren: der Duft der Götterfelsen; ein Stein, aus dem Götterblut fließt ... Die Vermutung liegt nahe, dass ein Poet im antiken Griechenland sich das Wort Petrichor ausgedacht hat, als er im Sommerregen über Athen blickte. Aber so war es nicht. Zwei australische Naturwissenschaftler haben Petrichor erfunden, und das erst 1964.

Der Regenduft hatte Chemiker schon zwischen 1860 und 1900 interessiert. Damals entstand diese Theorie: Die Duftstoffe entströmen ursprünglich den Pflanzen, werden aber in Trockenperioden von Staub und Erde gebunden und erst bei Regen wieder freigesetzt, besonders wenn die Luft warm ist. Es handelt sich um organische Substanzen, die aus pflanzlichen Ölen entstehen.

Die Australier Isabel Bear und Richard G. Thomas konnten diese Vorgänge präziser beschreiben: Einige Pflanzen scheiden in Trockenperioden eine gelbliche, ölige Flüssigkeit aus, daraus bilden sich Aerosole, und diese Schwebstoffe werden dann von tonhaltigen Erden und Steinen absorbiert und gebunden. Fällt Regen auf den Stein oder die Erdkrume, dann steigen die Duftstoffe in kleinen Blasen auf und verbreiten sich in der Luft.

Diesen Prozess der Freisetzung konnten Forscher am berühmten Massachusetts Institute of Technology 2015 sogar filmen. Sie stellten dabei fest, dass langsam fallende Regentropfen besonders viel von dem Duftstoff freisetzen. Ein eher schwacher Regen mit kleinen, leichten Tropfen lässt offenbar noch genügend Platz in der Luft, damit Petrichor sich ausbreiten kann.

Wenn wir den Geruch des frischen Regens nach langer Trockenheit tief einatmen, dann nehmen wir Petrichor zusammen mit einem anderen Duftstoff wahr, der ebenfalls aus der Erde freigesetzt wird: Geosmin. Dessen Duft ist für Menschen leicht zu identifizieren, er strömt uns aus einer frisch angeschnittenen Roten Beete oder einem gerade gepflügten Acker entgegen. Die meisten Menschen mögen

Geosmin. Das mag damit zusammenhängen, dass dieser Geruch für unsere Vorfahren – Jäger, Sammler, Ackerbauern – immer gute Nachrichten brachte: Regenfall, fruchtbare Erde, essbare Früchte.

Kein Wunder, dass der Regenduft schon lange vor seiner wissenschaftlichen Erschließung als Parfum verbreitet war und bis heute ist: in Indien. Im nördlichen Bundesstaat Uttar Pradesh gibt es eine regelrechte Industrie, die sich auf das Duftwasser »Mitti Attar« spezialisiert hat.

Im abnehmenden Licht

Starker Wind kommt auf. Stahlseile schlagen mit hellem Klang gegen Fahnenmasten. Auf dem Balkontisch steht das Wasser. Dicke Tropfen knallen in die Lache und springen noch einmal hoch, bevor sie sich auflösen. Dieser Regen lässt keinen Zweifel, dass er es ernst meint; er ist stark und zäh. Hier trocknet nichts mehr binnen Minuten wie im Hochsommer. Der Wind treibt das Wasser herab und den Menschen ins Gesicht. Wer kann, geht rein.

Ich arbeite vor mich hin, sehe im Augenwinkel, wie der Wind die Baumwipfel zaust, und weiß nicht, was ich von diesem Tag will. Normalerweise will ich raus, eigentlich immer. Aber dieser Regen schüchtert mich ein.

Frühherbst – ich erlebe ihn als Krise, verliere für einen Moment die Orientierung, stelle längst getroffene Entscheidungen infrage. Brauche Zeit, um mich im abnehmenden Licht zurechtzufinden.

Ich werde rausgehen, heute, werde mich diesem Regen stellen und schauen, ob er nicht doch nur ein Scheinriese ist, wie so viele seiner Brüder und Schwestern, die drohend heransegeln und dann wenig herunterbringen. Für diesen Moment aber lasse ich ihn den Stärkeren sein.

Regenzeiten – Schaffenszeiten

Die Lebensgeschichte der Dichterin Emily Dickinson (1830–1886) eignet sich nicht für einen Trivialroman. In ihren gut 55 Lebensjahren gab es eine Menge Probleme und kein Happy End. Obwohl sie eine hoch gebildete Frau war und ein beeindruckendes lyrisches Werk schuf, fiel wenig Licht in ihre Tage. Selten verließ sie ihr Zimmer im Elternhaus in Amherst im US-Bundesstaat Massachusetts. Nur sieben ihrer Gedichte wurden vor ihrem Tod veröffentlicht.

Erst als sie an einem Nierenleiden verstorben war, entdeckte die Welt, wer Emily Dickinson gewesen war: eine der bedeutendsten Dichterinnen ihrer Zeit. Heute hat sie einen festen Platz in der amerikanischen Literaturgeschichte. Ihre Gedichte nahmen schon Mitte des 19. Jahrhunderts vieles vorweg, was die Literatur des 20. Jahrhunderts prägen sollte. In Ihrem Gedicht »Rain it sounded till it swelled« (Wie Regen klang's, bis es schwoll an) beschreibt sie einen starken Regen:

... da hört man's kommen wie ein Heer
es kam wie eine Wand –
es füllte Brunnen, Bach und Teich,
ging schmetternd seinen Gang –
die Berge hielten ihm nicht stand,
es stürzt hinab den Hang ...

Dickinsons poetische Sprache vermittelt eine freudlose, angstbeladene Vision. Regen als kleine Sintflut, die unser Fassungsvermögen im Wortsinn übersteigt. Hier schrieb ein hoch kreativer Mensch in einer depressiven Stimmung. Heraus kam eine bahnbrechende künstlerische Leistung.

Womit sich die Frage stellt, ob diese Kombination Zufall ist: Regen, Niedergeschlagenheit und Kreativität?

Der Regensound der »Smiths«

Manchester in den 1960er Jahren. Verrußte Backsteinhäuser im Schatten schwerer Regenwolken, die unablässig vom Atlantik herantreiben. Ein Nässefilm liegt über der tristen, problembelasteten Kindheit von Steven Patrick Morissey. In die Grundschule, so beschrieb er es später, »taumelten Kinder vom Regen durchnässt hinein, und so blieben sie den ganzen Tag über – nasse Schuhe und nasse Kleider durchfeuchteten die Luft«. Unter dem Künstlernamen »Morissey« (ohne Vornamen) wird er in seinen zwanziger Jahren die zentrale Figur der Kultband »The Smiths«, die von 1982 bis 1987 eine Serie von Erfolgen feierte. Er gilt als einer der Gründerväter des Indie-Rock und des Britpop.

Was hat Manchester, was hat der Regen mit diesem Erfolg zu tun? In Morisseys Kindheit hat das notorisch verregnete Manchester mit seinen Textilfabriken die Folgen der beginnenden Globalisierung auszustehen. In den Arbeitervierteln wächst eine Jugend ohne Perspektive auf. Ein häufig aschefarbener Himmel trägt auch nicht gerade zu entspannter Stimmung bei. Im Winter bekommt Manchester durchschnittlich eine halbe Stunde Sonnenlicht pro Tag.

»Die typische Teenager-Depression ist das Beste, was mir je passiert ist«, sagte Morissey später. Sie habe dafür gesorgt, dass dauernd neue Songs »in meinem Kopf herumschwappten«. 1982 traf er den Musiker Johnny Marr, gemeinsam lebten die beiden ihr Talent für düstere Poesie und sphärisch glitzernde Akkorde aus. Lange vor dem Internet wurde daraus ein viraler Erfolg: Der Name »The Smiths« machte die Runde unter jungen Musikbegeisterten, die sich in den kriselnden Industriestaaten fragten, wie es nach der Aufbauzeit der 50er bis 70er Jahre weitergehen sollte. »Eine riesengroße Gemeinschaft derer, die ins Unglück verliebt waren«, nannte ein britischer Musikjournalist die Fans der Smiths.

Ich erinnere mich an die ersten Smiths-Songs, die ich hörte. Ich traf in ihnen einen guten alten Freund, dem ich noch nie begegnet war. Das war der Soundtrack zu jenem Lebensgefühl der 1980er Jahre, das heute kaum noch erklärbar ist: Wir gefielen uns in einer Mischung aus Verlorenheit und Aufbruch, genossen die neue Unübersichtlichkeit und litten unter ihr. Als mir kürzlich ein eigener Text aus jener Zeit in die Hände fiel, begann ich unwillkürlich, beim Lesen einen Song der »Smiths« zu summen (Eine kleine Auswahl finden Sie in der Regen-Playlist zu diesem Buch bei Spotify, Link auf Seite 160).

»Wenn uns gar nichts mehr einfiel, ging immer noch Regen«, sagte Morisseys Partner Marr sinngemäß: Regen als Stimmung, Regen als Sound, Regen als Erfolgsrezept. Ihr Hit »William, it was really nothing« begann mit dem Refrain: «Der Regen fällt hart auf eine fade Stadt / Diese Stadt hat dich runtergezogen.« So eroberten die Smiths die Musikwelt: versunken in eine psychedelische »Manchester on my mind«-Stimmung.

Schon wieder diese Kombination: Regen – trübe Gedanken – Kreativität. Wie bei Emily Dickinson.

Kurt Cobain schläft unter der Brücke

Seattle gilt als die regenreichste Großstadt der USA. Fährt man von dort 100 Kilometer Richtung Pazifikküste, landet man in Aberdeen, einem der nassesten Orte in den USA mit über 2.000 Millimeter Niederschlag pro Jahr. Der Regen vermischt sich mit gelblichem Rauch aus Industrieschornsteinen. Schon seit den neunziger Jahren plagen eine Wirtschaftskrise und hohe Arbeitslosigkeit die Hafenstadt.

In den Schaufenstern, berichtet Cynthia Barnett, finden sich Souvenirs, die an das bekannteste Kind der Stadt erinnern: Kurt Cobain, den Gründer der Kultband Nirvana und Schöpfer des Grunge (wörtlich übersetzt: Dreck). Diese Mischung aus Punkrock und Heavy Metal faszinierte in den neunziger Jahren die so genannte Generation X. Grunge wollte nicht gefallen, sondern hässlich klingen: Dröhnende Bässe und kreischendes E-Gitarren-Feedback sollten widerspiegeln, was die Band aus Seattle damals um sich herum wahrnahm – Abbau und Hoffnungslosigkeit.

Kurt Cobain, aufgewachsen in Aberdeen, sah als Kind und Jugendlicher sehr viel Regen. Er erzählte später, er habe als Teenager unter einer Brücke seiner Heimatstadt geschlafen und den Regen beobachtet. Im Nirvana-Song »Something in the way« heißt es: »Unter der Brücke ist die Abdeckung aufgesprungen und leck. Und ich lebe von den Tropfen, die von der Decke kommen.« Cobain nannte Regen einen wichtigen Einflussfaktor seines Schaffens. Er war einer der berühmtesten Rockmusiker seiner Zeit. Und brachte sich mit 27 um.

Die Regen-Formel

»Regen plus Niedergeschlagenheit plus Kreativität gleich künstlerischer Erfolg« – soll so die Formel lauten, die Schicksale wie die von Dickinson, Morissey und Cobain nahelegen? Sie alle kämpften mit düsteren Stimmungen, fanden zumindest zeitweise einen Ausweg über ihr künstlerisches Schaffen und waren früher oder später enorm erfolgreich. (Was übrigens Morissey – zuletzt in sonnigeren Städten wie Los Angeles und Rom zuhause – nicht davon abhielt, in eine düstere, rechtspopulistische Gedankenwelt abzudriften.)

Trotzdem funktioniert die Erfolgsformel nicht. Der Schlüssel zum künstlerischen Erfolg heißt nicht Regen, nicht Depression. Nicht einmal Kreativität – die ist nur die Voraussetzung für alles weitere. Der Schlüssel liegt in einer besonderen Sensibilität der Künstler, einer Durchlässigkeit für Gefühle und schwer greifbare Gedanken, die sie natürlich anfällig macht für depressive Stimmungen. Kommt die hohe Sensibilität wenigstens phasenweise mit der nötigen Schaffenskraft zusammen, entstehen bedeutende künstlerische Leistungen. Werden diese dann auch wahrgenommen, weil sie anschlussfähig an Zeit und Gesellschaft sind, dann stellt sich Erfolg ein. Nur dann.

Die Formel für künstlerischen Erfolg ist also viel komplexer. Dennoch fließen die Stimmungen, die düsteres Wetter bei Künstlern auslöst, durchaus als Inspiration in ihre Arbeit ein. Regen kann eine kleine, markante Nebenrolle im Schaffensprozess spielen.

»Regen mag nicht die alleinige Ursache sein, für die innere Bedrängnis wie für die Kunst«, merkt Cynthia Barnett an: »Aber zweifellos kann er eine Stimmung kreieren und eine Melodie inspirieren.« Oder ein gelungenes Gedicht. Und daraus ergibt sich ein Umkehrschluss: Wenn es regnet, wenn es draußen eher dunkel und kalt ist, typischerweise im Herbst und Winter, haben viele Kreative ihre produktivste Zeit. »Kreativität braucht eine Saison der Verzweiflung«, schreibt der Autor Timothy Egan nach Gesprächen mit Schriftstellern und Künstlern aus dem regenreichen Seattle.

Schneegriesel im Dezember

Eine Kirchenglocke schlägt vier, als ich auf den Kiesweg einbiege und die letzten Häuser hinter mir lasse. Es ist Mitte Dezember, die Luft schneidend kalt. Der Tag hat sich unter einer geschlossenen Hochnebel-Decke verkrochen, und jetzt, am verfrühten Abend, scheint diese immer weiter herabzusinken. Kaum noch Licht, in einer halben Stunde ist es Nacht. Dezember-Nacht, bald beginnen die Raunächte, die längsten des Jahres, die Geisternächte, um die sich Legenden ranken wie um einen verfallenden Schlossturm.

In den ersten Minuten nehme ich meine Umgebung einfach nur als grau wahr. Mit der Zeit und dem Gehen fächert sich das auf: Hier ein wenig Gelbgrau, da ein Tupfen Grüngrau, über den Baumwipfeln Graugrau. Dann fängt ein Knistern meine Aufmerksamkeit ein. Als würde jemand die feinen Nadeln einer jungen Tanne aus einem großen Sack über der Landschaft herabrieseln lassen. Es dauert einen Moment, bis ich verstehe: Schneegriesel.

Unsichtbare Mini-Kristalle, leicht angefroren auf ihrem Weg aus der Höhe. Wenn sie auf den Steinen des Weges, den welken Schilfblättern, auf meiner Jacke landen, entsteht das Rieselgeräusch. Kurz scheint es mir, als gäbe es einen wiederkehrenden Rhythmus in diesem Knistern, Klicken und Rascheln. Wenn es so ist, dann tut sich das menschliche Ohr schwer, ihn zu erfassen.

Jetzt ist der Geist ganz da in diesem Zusammenspiel der Grautöne, mühelos entdecke ich Nuancen. Es gibt nicht ein Gelbgrau, es gibt viele – in den Blättern am Weg, an den Grasstengeln, im schmutzigen Schilf. Es gibt nicht ein Grüngrau, sondern viele – in den Tannenzweigen, auf einem Riedgras-Polster, in der Wintersaat, die den Acker zu meiner Linken bedeckt wie wärmender Filz. Nicht einmal der Hochnebel ist einfach nur graugrau, er changiert, bewegt sich, reflektiert das Licht der Stadt. Die wintertote Natur, sie lebt.

Als der Weg über einen Hügel führt, ist es schon fast dunkel, Dunst hüllt mich ein. Zwei Baustellen in weiter Ferne sind ausgeleuchtet wie Weltraumbahnhöfe. Wo der Blick endet und eine Siedlung beginnt, könnte sich ebenso gut der Meeresstrand erstrecken.

Geniale Melancholie

Emily Dickinson war besonders kreativ, wenn sie unter »Seasonal Affective Disorder« litt (was oft ungenau als »Winterdepression« übersetzt wird). So haben Forscher ihre Krankheit nachträglich diagnostiziert. Dickinson schrieb mehr Gedichte im Frühjahr und Sommer als im Rest des Jahres. Aber von den Gedichten, die sie in der düsteren Jahreszeit und in bedrückter Stimmung schrieb, wurden später deutlich mehr zu ihren besten gezählt und landeten deshalb in Gedichtsammlungen. Dickinsons dunkle Tage lieferten ihr Material und Stimmung für großartige künstlerische Leistungen, die Millionen Leser tief berührten. In gewisser Weise war Dickinson »inspired by despair« (inspiriert von der Verzweiflung), wie Cynthia Barnett es ausdrückt.

Geniale Melancholie, ausgelöst von schlechtem Wetter, mag es auch gewesen sein, die zu einem der erfolgreichsten Romane aller Zeiten geführt hat. Im Jahr 1816 reisten eine Künstlerin und zwei Künstler aus England an den Genfer See, um sich in seinem warmen Sommerlicht zu erholen. Sie erlebten, was Millionen Touristen bis heute fürchten: einen verregneten Urlaub. Sie erwischten genau jenes Jahr, das als »Jahr ohne Sommer« in die Klimageschichte einging.

Mary Godwin, ihr Geliebter Percy Shelley und Lord Byron (die beiden Herren damals schon namhafte englische Schriftsteller), fanden am Genfer See keine Wärme. Der Ausbruch des indonesischen Vulkans Tambora ein Jahr zuvor bescherte ihnen Aschewolken und einen eiskalten Sommer (der weiten Teilen Mitteleuropas Schnee im Juli brachte). Den dreien blieb nichts, als am Kaminfeuer ihrer Miet-Villa zu bleiben und in den grauen Himmel zu sehen.

Da schlug Byron vor, sie sollten alle drei eine Schauergeschichte schreiben. Mary Godwin (sie heiratete Shelley wenige Monate später und wurde als Mary Shelley bekannt) nutzte den Anstoß, sich eine düstere Story auszudenken, die bis heute Leser und Filmfans in aller Welt fasziniert: Frankenstein. Genauer: »Frankenstein oder der moderne Prometheus«. Ein künstlicher Mensch wird durch Stromstöße zum Leben erweckt.

Das darf man wohl mit Michaela Vieser einen »Geistesblitz« von Mary Shelley nennen, die damals noch nicht einmal 20 Jahre war. Bei normalem Wetter, im milden Sommerlicht des Genfer Sees also, wäre »Frankenstein« vielleicht nie geschrieben worden.

Januarregen

Der Winter hat uns kurz besucht, dann ist er Richtung Osten weitergezogen. Nach ihm kamen stürmische Winde und jede Menge Wasser.

Ich stehe früh auf, lange vor Tagesanbruch. Als ich durch die dunkle Wohnung gehe, spüre ich, wie das Haus sich unter einer Böe biegt. Auf der Wetterseite sind alle Fenster von Tropfen übersät, sie sammeln das Licht der Straßenlaternen ein. Weißlich schimmernde Punkte vor einem dunklen Gemisch, in dem vage das Nachbarhaus und ein schwankender, kahler Ast

auszumachen sind. Fünf Grad, schwerer Regen. Wer denkt jetzt nicht an den Süden?

Bei diesem Wetter gibt es drei Wege zur Zufriedenheit. Der erste führt über eine warme Dusche zu Kaffee und Frühstück. Der zweite zu anderen Menschen und zu einer sinnvollen Aufgabe. Ich gehe Weg eins und zwei an diesem Morgen nacheinander – und spare mir den dritten, einen Besuch im Draußen, für später auf.

Ich erinnere mich an einen vierten Weg: In einer schwierigen Lebensphase lief ich bei solchem Wetter morgens um halb sechs durch den Stadtpark, ziemlich allein inmitten einer Millionenstadt. Dunkelheit und Nässe, nicht unbedingt ein Wohlfühlprogramm. Aber besser, als aus dem Fenster zu schauen. Im Hausflur ließ ich eine Tropfenspur zurück, und danach konnte der Tag kommen.

Regenzeit zum Selberbauen

Das Geräusch des Regens hat für die meisten Menschen einen sanften, ja heimeligen Klang. Sein Rascheln, Rauschen und Puckern entspannt und beruhigt. Das »monotone Hintergrundgeräusch des Lebens«, und das seit fast drei Milliarden Jahren – so hat der Journalist Alex Rühle das einmal genannt. Ein Weg, sich am Regengeräusch zu erfreuen, geht so: Bauen Sie sich einen »Regenmacher«. Das ist eine röhrenförmige Rassel von etwa 50 Zentimeter Länge und fünf bis zehn Zentimetern Durchmesser.

Der Original-Regenmacher entsteht aus einem verholzten Copado-Kaktus, der ausgehöhlt und dann mit den Dornen von außen nach innen gespickt wird. Das heißt, die langen Dornen stehen in großer Zahl nach innen in die Kaktusröhre hinein. Wenn man ein paar Handvoll kleiner Kieselsteine in den Hohlraum gibt und die Röhre an den Enden verschließt, ist das Instrument fertig. Wer es zur Seite neigt und langsam dreht, kann ein Geräusch erzeugen, das dem von Regen sehr nahekommt. Das indianische Volk der Diaguita in Nord-Chile setzt es bei Regenzeremonien ein.

Mit leeren Chipsdosen oder Plakatversandröhren funktioniert das sehr ähnlich. Man zeichnet eine Spirallinie auf die Außenhaut, stanzt entlang dieser Linie kleine Löcher hinein und steckt dann lange Nägel in die Löcher. Befüllt mit Reis, Linsen oder Erbsen, verschlossen und mit Kreppband umklebt, erzeugt das Regenrohr angenehme Regentöne. Sollte ihnen die Herstellung zu kompliziert sein, können Sie das Regenmacher-Instrument auch im Netz bestellen oder – noch einfacher – bei einem Streaming-Dienst wie Spotify nach Regengeräuschen forschen. Sie werden etliche Listen finden.

Es quietscht und wummert

Allerdings ist es gar nicht einfach, dort den zu Sound finden, der zur eigenen Vorstellung von schönem Regen passt. Jede Regengeräusch-Produktion klingt anders. Die eine präsentiert einen Regen, der stark klackert und klickert – was mich persönlich an Hagel auf einer Zeltplane erinnert und nicht gerade entspannt. Die andere mischt dauernd Donner und sogar Blitzgeräusche in den Regen – auch dafür bin ich wohl zu sehr durch stürmische Campingnächte geprägt. Es sind aber auch ruhige, sanfte Regengeräusche dabei, die hörbar machen, wie viele Einzelgeräusche und verschiedene Tonhöhen der Regensound in sich trägt.

In den Höhen ist da ein leises Zwitschern, Quietschen und Kratzen auszumachen, in den Tiefen ein beruhigendes Wummern. Dazwischen passiert eine Menge, und es lohnt sich, genau hinzuhören. Ich bilde mir sogar ein zu erlauschen, ob die Regenwolken hoch oder niedrig hängen, ob warmer oder kalter Regen fällt.

Die meisten Regengeräusch-Produktionen preisen sich als Einschlafhilfe an, oft ergänzt durch eine Stundenzahl (»10 Stunden« oder »12 Stunden«), welche die Abspieldauer angeben soll – also wohl auch die gewünschte Schlafdauer. Andere versprechen drei bis vier Stunden perfekte Konzentration. Wieso einige dieser Sounds dann ausgerechnet mit einem Regen beginnen, der metallisch hart auf ein Dach hämmert, sich zum Tremolo steigert und Bilder von Sturzbächen heraufbeschwört, mag nicht jedem Ruhesuchenden einleuchten.

Letztlich ist selbst der schönste Regensound nur ein Impuls, den unsere Phantasie aufnehmen und ergänzen muss. Geborgen und behaglich fühlen wir uns nur, wenn das Geräusch sich mit persönlichen Regenbildern und angenehmen Erfahrungen verbindet. Das scheint bei erstaunlich vielen Menschen zu funktionieren. (Ein Freund strahlte beim Stichwort Regengeräusche: Er dachte spontan an Liebesnächte im Zeltlager.)

Voraussetzung für Entspannung, Erfrischung, Heilung, Meditation, Schlaf –und und was noch alles versprochen wird – ist sicher, dass kein echter Regen beim Fantasieren stört. Es gehört ein hohes Niveau an Sicherheit und Wohnkomfort dazu, um Regengeräusche genießen zu können. Ein Obdachloser hört Regengeräusche anders, Slumbewohner müssen Überschwemmungen fürchten, Landwirte werden in Gedanken bei ihren Feldfrüchten sein und hoffen, dass nicht zu viel und nicht zu wenig Regen kommt. Erst die bürgerliche, naturferne Lebensweise garantiert den vollen Regengenuss.Und selbst diese schützt nicht vor den Folgen von extremem Starkregen. Niemand weiß das besser als die Opfer der Überschwemmungen im Juli 2021 im Westen Deutschlands.

Vielleicht bewegt uns beim Hören von Regengeräuschen ein Urimpuls aus der

Zeit, als der Mensch lernte, sich wirksam vor der Witterung zu schützen – in Höhlen, unter aufgespannten Fellen, schließlich in Hütten aus Zweigen und Blättern, am Ende in Häusern aus Holz und Stein. Auch wenn normalstarker Regen dem Menschen nichts anhaben kann, so schränkt er ihn doch ein, rinnt ihm durchs Gesicht, kann ihn auskühlen. Regengeräusche mögen uns an die Zeit erinnern, als unsere Vorfahren lernten, sich den Regen vom Leib zu halten.

Schnee hören

Ich wache auf mit dem Gefühl, dass draußen etwas anders ist. Ein Geräusch könnte der Auslöser sein. Aber da ist kein Geräusch, das durch den Spalt am Kippfenster Fensterspalt dringt.
Kein Geräusch. Das ist es. Schnee.
Tatsächlich: Alles weiß. Schneeflocken so groß wie Zuckerstücke fallen vom Himmel. Die Gehwegplatten vor dem Haus sind nass, daneben bleibt der Schnee kurz liegen, um dann im kurzen Gras zu vergehen. Dennoch hüllen die sinkenden Flocken für einen Moment alles ein.

Der erste Regen

Der Vulkan war erst kürzlich ausgebrochen, seine Asche noch heiß, als ein sanfter Regen fiel. Dessen Tropfen hinterließen kleine runde Abdrücke. Und die sind bis heute im Lavagestein in Südafrika zu sehen, obwohl der Regen vor 2,7 Milliarden Jahren herabkam.
War das der erste Regen der Erde? Sicher nicht, nur der erste, von dem wir Spuren fanden. Er fiel aus einer Atmosphäre, die wahrscheinlich sehr viel mehr Treibhausgase enthielt als unsere heutige, zum Beispiel Methan. Das fanden Forscher heraus, als sie die genaue Tropfenform analysierten.
Die ersten Wolken dürften sich sogar schon vor 4,2 Millarden Jahren in der Erdatmosphäre gebildet haben. Auch Regen fiel und sammelte sich auf der Erdoberfläche. Allerdings blieb er dort nur für kurze Zeit, denn immer wieder stürzten Meteoriten aus dem All nieder und zerschlugen die sich gerade erst bildende feste Kruste unseres Planeten. In der Folge verdunstete der Regen auf halbem Weg zur Erde. Es dauerte noch einmal 500 Millionen Jahre, bis sich das Erdklima stabilisieren konnte.
Sicher ist nur eins: Ohne Wasser hätte kein Leben auf der Erde entstehen können. Erst kam und blieb der Regen, dann füllten sich Ozeane, dann konnten sich die ersten Einzeller bilden (oder, falls sie nicht auf der Erde selbst entstanden sein

sollten, zumindest dort verbreiten). Der amerikanische Schriftstelle John Updike brachte es auf den Punkt: »Regen ist Gnade. Regen ist der Himmel, der zur Erde hinabsteigt; ohne Regen gäbe es kein Leben.«

Die gute Nachricht

Einige Tage lang ist es warm, zu schwül für einen Mai, dann ziehen dunkle Wolken auf. Es folgt ein Temperatursturz um mehr als zehn Grad. Als ich raus will, beginnt gerade wieder ein Schauer: senkrecht fallende Schwaden, die große Gießkanne. Ich warte noch einen Moment, es wird weniger, ich laufe los, der Schauer gewinnt an Kraft, wird zum schweren Regen. Auch egal, jetzt bin ich unterwegs. Nach fünf Minuten hört es kurz auf. Dann der nächste Schauer, noch heftiger.

Ich bin inzwischen warmgelaufen, mich erfüllt eine frühlingshafte Energie: Die Sonne ist nicht weit, ich spüre sie. Nur eine Wolkenschicht liegt zwischen uns wie ein umgedrehter Floccati, flauschig und keimig. Kurz bevor ich die Haustür erreiche, bricht die Sonne durch.

Im Wetterbericht liest die Sprecherin spürbar mitleidig den Satz »Morgen erneut nass und grau« vor. Draußen liegt gelbes Abendlicht auf bleistiftgrauen Wolken. Die Sonne bringt das Maigrün der Bäume zum Leuchten, die Rauchfahnen dreier Schornsteine zeichnen sich hell vor der nächsten Regenfront ab. Morgen erneut nass und grau – für mich eine gute Nachricht.

Regenzeiten, Dürrezeiten

Die Geschichte des Erdklimas ist eine des dauernden Wandels. Wärme und Kälte, Phasen mit extremer Dürre und extremem Regen bis hin zu Eiszeiten wechselten sich ab. Eine der spannendsten Frage für die Entstehung der Spezies Homo ist diese: Wie überstanden es die frühen Menschen, wenn sich die Tier- und Pflanzenwelt um sie herum durch die Klimaschwankungen immer wieder komplett änderte? Andere Arten starben aus oder entstanden neu, der Mensch blieb und besiedelte schließlich die Erde von der Wüste bis nach Grönland.

Archäologen glauben, dass der Mensch nur überleben konnte, weil er immer besser lernte, Informationen auszutauschen. Besonders in regenarmen Zeiten, wenn Wasser und Nahrung knapp wurden und die Horden, in denen die frühen Menschen zusammenlebten, immer mehr schrumpften, hing alles davon ab, Informationen weitergeben zu können. Wo gab es Wasser, wo essbare Pflanzen, wo lohnte sich die Jagd? Aber auch nasse Zeiten mit Überschwemmungen und riesigen

Seen erforderten eine hohe Anpassungsleistung. Homo sapiens, der wissende Mensch, wurde immer besser darin, relevantes Wissen zu sammeln und weiterzugeben. So bildete sich das heraus, was Forscher »brain power« nennen. Sprache im heutigen Sinne kam erst später hinzu – inklusive der Fähigkeit, symbolhaft und abstrakt zu sprechen, also auch kreativ zu werden. Doch schon die frühe Hirnleistung reichte, um Phasen der Not immer besser zu überstehen.

Der Mensch lernte, sich dem häufigen Wandel der natürlichen Bedingungen anzupassen. Sein Dialog mit dem Klima spornte den Dialog miteinander an. So gesehen gäbe es die heutige Menschenwelt nicht ohne die Wettergespräche unserer Vorfahren.

Regenbilder

Regentropfen tanzen Ballett • Eine Wetter-App führt in die Irre • Gene Kelly ruiniert seinen Anzug • Hugh Grant springen Tropfen vom Kinn • Sieben Samurai kämpfen im Schlamm • Eine Königin hüllt sich in Kautschuk • Die Polizei konfisziert ein Regencape • Der Maler Caspar David Friedrich gibt Goethe einen Korb • Der Himmel erzählt Geschichten • Wellen formen Hochzeitsringe •

Wolkentheater

Plüschige Wolken gleiten heran, sie halten ihre Rücken in die Sonne und strecken mir anthrazitfarbene Bäuche entgegen. Gravitätisch halten sie Einzug, die Bewegung kaum wahrnehmbar. Ich sitze auf dem Balkon und muss mir einen Ast als Peilhilfe suchen, um die Richtung des Wolkenzugs zu erkennen. Aus einer Lücke strahlt mich plötzlich die Sonne an. Ich atme die kühle Luft ein und spüre dennoch die Wärme.

Septemberwetter: Rechts hängt ein Wolkenhaufen tief überm Land, bereit, sich auf den nächsten Kilometern seiner Reise zu entladen. Von links schiebt sich jetzt eine Riesenwolke auf mich zu. Minutenlang steht die Sonne am Wolkenrand. Meist ist sie nur schemenhaft als Kreis oder Halbkreis zu sehen. Blendendes Licht wechselt mit Halbschatten und Düsternis.

Ich sitze fasziniert in meiner Balkonloge und sehe dem Wolkentheater zu. Der nächste Akt dürfte Regen bringen. Bald beginnen von Westen her immer mehr Wolkenschiffe hereinzusegeln, ihr Rumpf zeichnet sich bedrohlich scharf und dunkel über mir ab. Eines nach dem anderen schiebt sich langsam über mich hinweg, bis sie sich am östlichen Horizont zu einer Riesenmasse zusammenfinden.

Faszinierend, wie es sich da ballt und bauscht: oben viel Weiß, durchsetzt mit schwarzen Flecken, unten Aschgrau, dazwischen cremeweiße Schlieren. Gleich geht es los. Eine Böe fährt in die alte Eiche an der Straße. Ein hoher

34

Dunst kommt auf mich zu, er frisst die letzten Sonnenstrahlen weg. Dann ist er da, der Regen.

Ein Quadratzentimeter Haut schreckt auf, als ein Tropfen auf den nackten Unterarm fällt. Ich streiche mit der Fingerspitze über die Stelle. Das Wasser reicht, um einen Streifen von der Größe eines Pflasters zu benetzen. Sekunden später schlagen die Tropfen dicht beieinander auf, Tisch und Boden dunkeln ab. Jetzt ist der schwere Regen da.

Der kleine Fluss, auf den ich hinuntersehen kann, schäumt, als würden tausend silberne Fische ihre Mäuler durch die Oberfläche stecken. Ich gehe nach drinnen, lege mich aber gleich hinter der offenen Tür auf den Bauch, sehe, wie die Regentropfen auf die Bodenkacheln des Balkons schlagen. Zuerst zerplatzen sie flach und bilden eine Mini-Pfütze. Je mehr Wasser auf den Kacheln steht, desto höher springen die Tropfen nach dem Aufprall. Als spannte der Regenfilm ihnen ein Trampolin auf.

Ich verlasse meinen Beobachtungsposten und schaue mir im Internet Zeitlupenaufnahmen an: wie der Tropfen aufkommt, eine Wasserfläche zum Schwingen bringt, sich dann in fünf Richtungen aufteilen möchte, aber doch im letzten Moment zusammengehalten wird. Dann schwingt noch einmal die Mitte nach oben heraus, noch einmal zur Seite, dann erst glättet sich die Wasserfläche. Bis zum nächsten Tropfen.

Regen auf Wasser – ein einziges Schwingen, ein Ballett der Elemente, voller Grazie und Energie. Wir könnten es bei jedem Regen beobachten, aber wir schauen nicht hin.

Blick in die Wetter-App

Wie kommt unser Bild vom Regen zustande? Einen Faktor, der dieses innere Bild bestimmt, haben wir ständig bei uns, er ist ein mal ein Zentimeter groß und kennt unsere Fingerabdrücke: die Wetter-App. Ich aktiviere sie zum Beispiel in dieser Situation: Ich will raus, draußen herrscht Mischwetter. Brauche ich eine Regenjacke? Ich schaue in die App. Sie nennt ein Niederschlagsrisiko von 25 Prozent. Also besser mit Jacke, denke ich.

Als ich schon danach suche, geht mir dieses Wortungetüm durch den Kopf: Nieder-schlags-risiko. »Risiko«: das Lieblingswort aller Versicherungs- und Bankberater, mit dem sie zögerliche Kunden ins Gatter ihrer Verträge treiben. Risikobewusstsein – der Inbegriff bürgerlichen Lebens, das Hohelied von Vernunft und Zurückhaltung. Denn irgendein Risiko gibt es ja immer, selbst beim Müsli-Frühstück und auch beim Gang zum Supermarkt könnte etwas schiefgehen. Risikovermeidung und Risikovorsorge sind allererste Bürgerpflichten und verhindern im schlimmsten Fall jeden Schritt aus der Reihe, jedes Wagnis.

Die Redakteure der Wetter-App verbinden das schillernde Signalwort »Risiko« mit dem wissenschaftlichen Fachbegriff »Niederschlag«. Der mag die korrekte Bezeichnung sein für alles, was da aus den Wolken zu uns herabsinkt, ist aber kein Ausbund an sprachlicher Eleganz. Im Gegenteil, ein zurechtgebogener Sammelbegriff, der sich schwertut mit der Vielfalt der Natur. Wo selbst sanfter Regen, der die Haut streichelt, mit einem Wort bezeichnet wird, das nach Überfall mit Tötungsabsicht klingt – Niederschlag! –, da stimmt etwas nicht. Niederschlagsrisiko: Jeder Tropfen auf Ihrer Nasenspitze könnte der letzte sein.

Zurück zur App: Niederschlagsrisiko 25 Prozent. Was heißt das eigentlich? Ich schaue in den Tiefen der App-Angaben nach und erfahre: Insgesamt sind nur 0,4 Liter Niederschlag pro Quadratmeter vorhergesagt, davon 0,3 Liter erst nach 21 Uhr. 0,4 Liter, das ist nicht viel, ein mittelgroßes Glas Wasser, zerstäubt über vier Standard-Gehwegplatten aus Beton. Da fährt man sich einmal mit der Hand durchs Haar und vergisst die Sache wieder. Zudem soll das meiste davon erst heute abend herunterkommen. Und: An einem konkreten Ort zu einer konkreten Zeit kann es auch ganz anders sein, die App nennt nur eine Durchschnittswahrscheinlichkeit für ein größeres Gebiet.

Ich weiß also nach dem Blick in die App nur: Es gibt eine gewisse Tendenz zu etwas Regen. Genau genommen ist diese Tendenz so gering, dass ich die Regenjacke zu Hause lassen kann. Warum habe ich trotzdem das Gefühl, etwas da draußen gebe Anlass zur Sorge? Weil ich in die App geschaut habe und mich dabei mit der Bildmagie von Regensymbolen und dem Wort »Niederschlagsrisiko« infiziert habe. Ich habe mich in die Irre führen lassen.

Das allerdings ist die kommerzielle Aufgabe der Wetter-Apps: uns intensiv beschäftigen und dadurch die Aufenthaltszeit in der App verlängern. Jeder App-Designer weiß, wie das in der Summe am besten geht: über negative Gefühle. Über Risiken, Gefahren, Ahnungen. Wenn wir uns Sorgen machen oder uns ärgern, sind wir eher bereit, weitere Zeit für eine App aufzuwenden, als wenn es uns gut geht. Negativität bindet. Für eine Wetter-Anwendung, die von Kontaktzeiten lebt (weil sie in diesen Phasen den Nutzern Werbung zuspielen kann), heißt das: Mache deinen Usern Sorgen, dann bleiben sie länger.

Nichts gegen seriöse Wetter-Apps, nichts dagegen, sich mit ihrer Hilfe über die Wetterlage zu orientieren und sich vor Unwettern warnen zu lassen. Wer aber beginnt, sein Verhalten immerzu an der App auszurichten, begibt sich in schlechte Gesellschaft. Wetter-Apps haben einen eingebauten Hang zur Dramatisierung. Ich glaube sogar, sie verhindern eine entspannte Beziehung zum Wetter. Vielleicht sollte jeder Besuch auf einer Wetter-App mit einem Warnhinweis wie bei Medikamenten versehen werden: »Diese App kann Ihr natürliches Gefühl für das Wetter beeinträchtigen und eine unvoreingenommene Naturbegegnung erschweren.«

Die App sagt mir übrigens auch noch Windrichtung und Windgeschwindigkeit voraus, Luftdruck und relative Luftfeuchtigkeit, sogar den Bewölkungsgrad (in acht Stufen). Kein Zweifel, ich kann mich damit sehr genau einstellen auf das Wetter. Ich räume sogar ein, dass ein größerer Teil dieser Parameter tatsächlich eintreffen wird, wenn auch vielleicht mit lokalen Unterschieden – immerhin kann der Deutsche Wetterdienst das Wetter heute auf etwa 13 Kilometer genau berechnen und das recht verlässlich, sogar bis zu sieben Tage im voraus. Nur: 13 Kilometer sind immer noch viel bei Mischwetter. Und selbst die beste Wetter-App mit den allerbesten Daten vermittelt mir kein Bild davon, wie ich eine Landschaft, eine Situation wohl erleben werde. Heute, morgen, übermorgen, wenn ich draußen bin, über einen Platz gehe, eine Straße entlang, in einen Waldpfad einbiege. Wie wird das sein?

Ich werde hingehen und nachschauen.

Im Regen tanzen

Wir sind vor der Hitze eines Septembertages in ein großes, geschlossenes Waldgebiet geflüchtet. Baumschatten von hellgrau bis düster, hier und da ein Bach – die beste Klimaanlage der Welt. Als wir am frühen Abend aus dem Wald treten, ziehen Gewitterwolken auf. Die Front treibt direkt auf uns zu. Noch 20 Minuten, schätzen wir, dann bricht der Regen los.

An einer Landstraße bleiben wir vor dem Schwarzen Brett des Dorfes stehen. Oskar, eine Katze mit beigerosa Fell und traurigen Augen, wird per Aushang gesucht. Darunter hängt ein verblichener Zettel, auf dem in der Handschrift eines älteren Menschen nur ein Satz steht: »Im Leben geht es nicht darum zu warten, sondern zu lernen, im Regen zu tanzen.«

Wir nehmen das als Ermutigung, ohne Eile weiterzugehen. Der Regen ist da, bevor wir im Auto sitzen. Trotz Regenjacke fühle ich mich binnen Sekunden komplett nass. Tanzen? Gern, aber nach dem Regen.

Stepptanz im Filmregen

Drehbuchautorinnen, Filmregisseure und Kameraleute haben ein Faible für starken Regen. Das hat zunächst einen technischen Grund: Schwachen Regen sieht man nicht. Den feinen irischen Regen zum Beispiel kann eine Kamera kaum abbilden, da müssen dann schon pitschnasse Straßen und feuchte Haarsträhnen für Regen-Atmosphäre sorgen. Eine Liebesszene mit beschlagenen Brillen und Tropfen in den Ohren? Müsste dringend mal gedreht werden.

Für starken Regen gibt es aber genügend Anlass. »Clever eingesetzt, kann Regen helfen, eine Geschichte und ihre Emotionen besser zu transportieren«, erklärt die Fach-Website MovieJones: »Regen kann Verzweiflung, Melancholie und Niedergeschlagenheit rüberbringen, alte Sorgen wegwaschen oder für den Extraschuss Romantik sorgen, er schafft Atmosphäre und eignet sich perfekt für den finalen Showdown.«

Regen im Film: ein wirksamer Gefühlsverstärker. Aber wie funktioniert das eigentlich? Ich nehme mir vor, Regenszenen genau anzuschauen und lande in einem Hauseingang in New York. Filmregen tropft dicht und in unechter Gleichmäßigkeit durch das Bild. Er wird gleich Gene Kelly durchnässen, den Schauspieler und Stepptanz-Künstler. In »Singin' in the Rain« von 1952 spielt Kelly den Filmstar Don, der sich gerade von seiner Angebeteten Kathy (gespielt von Debbie Reynolds) verabschiedet. Und zwar mit einem Kuss. Dem ersten!

Kathy verschwindet ins Trockene, während Don in den heftigen Bindfadenregen hinaustritt und etwas komplett Absurdes tut. Er klappt seinen Schirm zu. Der Moment ist so unvergesslich wie Melodie und Text des nun folgenden Songs: »I'm singin' in the rain, I'm dancin' in the rain, what a glorious feeling, I'm happy again.« Dieser Mann verspürt keine bürgerlichen Reflexe mehr, er ruiniert seinen schönen hellblauen Anzug und holt sich womöglich den Tod. Doch gerade das Entsetzen über solche Unvernunft zwingt die Zuschauer mit hinein in seinen Überschwang, sein Liebesglück. Er schwebt auf Wolke sieben – nein, er steht darunter und genießt den Glücksregen. Ein einziger Kuss hat solche Gefühle ausgelöst, und wir erleben sie mit, hochgradig identifiziert mit einem Menschen im Ausnahmezustand. Fröstelnd, schaudernd, verliebt.

Der Regen weist die Verliebtheit optisch nach. Wie in dieser Szene nutzen Filmemacher die intuitive Reaktion der Zuschauer, ihr Zurückzucken vor kaltem, starkem Regen. Liefert eine sympathische Filmfigur sich dem Regen schutzlos aus, empfindet das Publikum Mitgefühl. So bringt Filmregen emotionale Energie ins Fließen, und die können die Filmemacher nun nach Belieben umleiten – in Romantik oder Angst und Entsetzen.

Filmküsse im Regen

Kelly küsst Reynolds im trockenen Hauseingang, tritt dann erst ins raue Wetter hinaus. Filmküsse im Regen sind ein eigenes Genre. Großaufnahmen zeigen die

Tropfen auf der Haut, und wieder wirken Nässe und Kälte als Gefühlsverstärker: Wie sehr müssen die beiden sich lieben, frage ich mich als Zuschauer, wenn sie alles um sich herum vergessen, sogar den fiesen Regen?

Definitiv ist ein Kuss im Regen romantischer als ein Kuss in der Sonne. Er verleiht einer Szene ein entschiedenes »Trotzdem«. Uns ist alles egal, signalisieren die Filmfiguren, nichts hält uns auf. Küsse im Regen führen dem Publikum eine Leidenschaft jenseits aller Grenzen und Gepflogenheiten vor. Sie sind überirdisch schön.

Eine Film-Szene treibt das ironisch auf die Spitze, indem sie den Regen selbst zum Thema macht. In »Vier Hochzeiten und ein Todesfall« (1994) kommt es am Ende zum Moment der Wahrheit im Londoner Regen. Charles (Hugh Grant) hat soeben vor dem Altar seine Hochzeit platzen lassen, weil er eigentlich eine andere liebt, nämlich Carrie (Andie MacDowell). Zwischen den beiden ist aber noch vieles unklar. Nun klingelt die völlig durchnässte Carrie bei Charles, man tritt gemeinsam hinaus aufs Trottoir – in einen großtropfigen Gewitterschauer.

Während es aus Kannen schüttet, gesteht Charles: »Zum ersten Mal in meinem Leben habe ich gespürt, dass ich einen Menschen vollständig liebe.« Aber es war nicht die Frau, die neben ihm am Altar stand. »Es war der Mensch«, sagt Charles und blickt Carrie in die Augen, »der jetzt vor mir steht – im Regen.« Sie antwortet regenüberströmt: »Regnet es noch? Ich habe es nicht gemerkt.« Wem da nicht die Tränen kommen, der hat kein Herz.

Noch fehlt aber ein Kuss. Um die Spannung zu erhöhen, gehen die beiden noch ein paar Schritte im Regen. Dann ist es soweit, und genau in dem Moment, da sich die nassen Gesichter einander nähern, streift der Widerschein eines Blitzes über ihre Wangen. Die Regenmechaniker im Filmteam kriegen es hin, dass beim Kuss dicke Regentropfen von Hugh Grants Kinn abspringen. Ein Schwenk auf die dunkelgrauen Wolken über London zeigt die letzte Einstellung dieses Films: einen Blitz, der sich quer über den Himmel entlädt.

Kampf im Regen

Regen ist gut für die Dramaturgie eines Films – das gilt auch für Actionszenen. Wenn im Film gekämpft wird, dann lassen die Regisseure es gern heftig regnen. Kampfszenen wirken final und alternativlos, wenn Wasser herabströmt. Schlamm macht alles schmutzig, die Guten wie die Bösen. Regen ist ein schillerndes Symbol, er ästhetisiert den Kampf und leistet dabei mindestens so viel für das Erleben der Zuschauer wie eine dramatische Filmmusik.

Die wohl berühmteste Regenschlacht der Filmgeschichte birgt der Film »Die sieben Samurai« von Akira Kurosawa. Diese Sequenz aus dem Schwarzweißfilm von 1954 gilt als Ur-Impuls des modernen Actionkinos. Die Geschichte dreht sich um ein japanisches Dorf im 17. Jahrhundert, als Banditen und Plünderer das Land unsicher machen und die Bauern ihnen schutzlos ausgeliefert sind. Dieses Dorf überzeugt sieben arbeitslose Schwertkämpfer, die Verteidigung zu organisieren. Nach und nach gelingt es, den Großteil der 40 Banditen zu töten, dann kommt die finale Schlacht, an einem Regentag.

Die Akteure stehen bis zu den Waden in Wasser und Matsch. Kurosawa zeigt einen Strudel aus Bildern, ein einziges Waten, Schlagen und Kriechen im Schlamm. Blut wäre nicht einmal zu sehen, wenn es Farbbilder gäbe, denn der heftige Regen würde es in Sekunden abspülen. Der Regen ist nicht nur Kulisse, er nimmt teil am Kampf. Die Leichen der Opfer liegen am Ende so im Dreck, dass man nicht mehr erkennt, wer zu welcher Gruppe gehört.

Seine Begeisterung für Regen nimmt mich für Akira Kurosawa ein. Ich erfahre: Es war nicht nur der Regen, der den Regisseur faszinierte, auch Wind spielt in seinen Filmen eine wichtige Rolle – er weht nie, ohne dass das eine Bedeutung hätte. Wenn Fahnen auf Gräbern flattern, dann ist das wie ein wortloser Kommentar aus dem Off. Kurosawa nutzt Naturphänomene, um Stimmungen und Gemütszustände zu vermitteln. Seine Charaktere sind modern in vielem, was sie fühlen und tun, zugleich aber auch archaisch in ihrer Nähe zur Landschaft.

Vierzig Jahre später zitiert der Welterfolg »Forrest Gump« Kurosawa. Wenn der Held in Robert Zemeckis Film von 1994 über seinen Einsatz im Vietnamkrieg spricht, dann sehen wir ihn und seine Kameraden durch üppig grüne Landschaften gehen – genauer: waten, denn die Soldaten sind bis zum Bauch im Wasser. Forrest Gump (gespielt von Tom Hanks) sagt dazu in einem lakonischen Erzählton: »Eines Tages fing es an zu regnen und es hörte vier Monate lang nicht auf. Wir hatten jede Art von Regen, die es gibt – ein bisschen stechenden Regen, fetten Regen«, und dann kommt die Stelle, die Forrest-Gump-Fans auswendig können: »...und manchmal schien der Regen geradewegs von unten nach oben zu fallen.«

Der Regen hört dann ebenso plötzlich auf, wie er gekommen ist, und eine Frage steht im Raum: »Was sollte das alles?« Die Filmzuschauer bleiben mit einem irren Kopfschütteln zurück, halb entsetzt, halb belustigt. Sie spüren, dass das, was hier ironisch erzählt wird, kein Spaß ist. Amerika, das in zwei Weltkriegen für die Freiheit gekämpft hat, verliert im Vietnam-Krieg seine Unschuld. Genau davon erzählt der scheinbar naive Forrest Gump so eindringlich. Den Rest sagt der Regen.

25 Jahre später setzt übrigens ein Animationsfilm aus Japan ins Bild, was Forrest Gump behauptet: In »Weathering with you« von 2019 spielt der Regen eine zentrale Rolle und die Hauptfigur Hina, ausgestattet mit übernatürlichen Kräften, lässt die glänzenden Tropfen mitten im Fall anhalten und in die Wolken zurückkehren.

Auf dem Schiff

Die Szenerie schreit nach Regen, aber es passiert nichts. Drückende Schwüle lastet auf der weiten Fläche der Elbe. Das holländische Plattbodenschiff, auf dem wir dieses Wochenende im Juli verbringen, schiebt sich träge, Meter für Meter, nach Nordwesten, Richtung Nordsee. Es steht kaum Wind in den Segeln, und der entgegenkommende Gezeitenstrom frisst weg, was da noch an Tempo sein könnte. Dann schweben ein paar Tropfen in der warmen Luft, im nächsten Moment sind sie schon weg. Die Luft bleibt schwül, das Licht matt, die Hitze drückt. Einer nach dem andern legt sich hin, dämmert weg. Der Skipper holt einen Eimer Elbwasser hoch und steckt den Kopf hinein.

Gegen Abend marmorierter Himmel über dem immer breiter werdenden Strom. Die Wäldchen und Baumreihen am Ufer schimmern wie Moos auf modernden Baumstämmen. Der Horizont verschwimmt, die Sonne steckt hinter Milchglas. Aber mit der Zeit bilden sich Haufenwolken aus dem Dunst. Wo es sich größer und dunkler zusammenballt, steigen schwarze Wolken auf wie der Rauch eines Feuers. Unter den Wolken sinkt graues Gekräusel ab. Plötzlich gewinnt auch der Wind wieder Kraft, ein Ruck geht durch Schiff und Besatzung.

Kurswechsel, die Segel sind neu zu justieren – und jetzt fliegen die roten Markierungstonnen vorbei. Auch der Regen kommt wieder, aber noch verhalten. Auf dem bewegten Elbwasser bildet sich ein Tropfenmuster, das aussieht wie grob gehäkelt. Niemand zieht eine Regenjacke an, denn die schwüle Wärme ist noch da – und tatsächlich kann man den Regenflecken auf den T-Shirts beim Schrumpfen zusehen. Wir kreuzen unter einer schwerbeladenen Wolke hindurch, und als wir sie schon fast hinter uns lassen, treffen uns einige träge Tropfen. Ich höre sie knacken und knistern im Segeltuch, spüre das Plitschen auf der Haut; dann ist die kurze Erfrischung vorbei. Es sieht wieder nach Regen aus, aber regnet nicht.

Tropfengeschwader

Am nächsten Tag bietet der weite Himmel ein anderes Regenbild. Das Wolkenwasser liegt überm Land, genau über dem Hafen, auf den wir zusteuern. Ein Dunst, ein Schatten. Die Elbe schimmert gelbgrün in der Sonne. Selbst eine Landratte wie ich spürt, dass wir in eine andere Witterung hineinfahren.

Bald wird eine mächtige Wolkenfront sichtbar, sie flößt mir Respekt ein, genau wie die Containerfrachter, die in kaum 50 Meter Entfernung vorbeiziehen. Als der Wind noch einmal auffrischt, legt sich unser Segelschiff auf die Seite, und die Hafenkräne kommen immer schneller nahe.

Die Wolkenfront kreuzt unseren Kurs und die Wellenspitzen lassen ahnen, dass es unter ihr bewegt zugeht. Ich drehe mich noch einmal um, schaue in die sonnige, freundliche Meereslandschaft hinter mir, und dann wieder in das schwärzliche Gebräu vor uns. Wir fahren mitten hinein. Das Schiff wird noch schneller, Gischt spritzt – auf dem Vordeck bleibt niemand trocken. Vor uns bilden sich weiße Schlieren auf der schwankenden grünen See. Wir überfahren die Grenze zwischen Licht und Schatten, sind jetzt genau unter den Wolken und spüren ihre geballte Energie.

Das Spritzwasser schmeckt nach Nordsee, aber es regnet noch nicht. Die Sicht wird schlechter, noch schlechter – jetzt geht es los. Binnen Sekunden bin ich komplett durchnässt. Der Wind zerrt an der schweren Kleidung, aber jetzt ist keine Zeit mehr, über Regenschutz auch nur nachzudenken, es gibt nur noch Wind, Wasser und Segelkommandos, alles andere verschwimmt im Strudel der Elemente. Da ist nichts zwischen den anfliegenden Tropfengeschwadern und uns. Es gibt keinen Schutz, kein Ausweichen. Ich stelle plötzlich fest, dass ich breit grinse, schaue mich um, und sehe, dass es anderen genauso geht. Wir bieten dem Regen die Stirn und das löst eine archaische Zufriedenheit aus.

Das so genannte schlechte Wetter

Etwas in mir will mich davon abhalten, bei Regen über die Schwelle nach draußen zu gehen. Ich glaube, es ist ein Klischee. Wenn das stimmt, habe ich ein Problem, denn Klischees sind der Ur-Feind aller Wahrnehmung, aller Originalität, allen Weiterdenkens. Sie warten dort, wo es Neues zu entdecken gäbe, und wollen uns abschrecken.

Eines der stärksten Klischees überhaupt – zugleich aber erstaunlich unbemerkt – hat sich in unserer Wahrnehmung des Wetters festgesetzt. Sein Name ist: schlechtes Wetter. Dieses Vorurteil hat Macht über unsere Gefühle und über unser Verhalten. Es versetzt uns in düstere Stimmung, wenn Wolken aufziehen, und lässt uns erschlaffen, wenn es regnet. Ein Blick aus dem Fenster reicht, das Urteil ist gesprochen.

Seit ich einen anderen Blick auf den Regen versuche, frage ich mich, woher diese Abwehrreaktion kommt. Ein Teil mag auf unangenehme Regen-Erlebnisse zurückgehen, ein zweiter Teil auf Überlieferung. Denn natürlich kann man sich im Regen erkälten, das wussten schon unsere Vorfahren, als sie noch in Höhlen wohnten. Auch heute noch gibt es Regen, der gefährlich werden kann, und seit Menschengedenken ist es an nassen Tagen zuhause behaglicher. Ein dritter Teil des Abwehrimpulses jedoch, der größte, wird medial getriggert und verstärkt. Das Thema Wetter heischt Aufmerksamkeit, deshalb ist es für Medien aller Art attraktiv. Eine hoch aktive Wetterindustrie findet viele Wege, um uns jederzeit und überall mit Wetter-Infos zu versorgen. Und wenn wir nicht aufpassen, lassen wir uns davon diktieren, wie wir uns gegenüber dem realen Wetter verhalten. Das wäre schade: Wir würden dann niemals erfahren, wie das Wetter vor dem Haus, um die Ecke und draußen in der Landschaft sich anfühlt.

Jede Wettervorhersage, und mag sie noch so genau sein, ist nur der Versuch, aus Messwerten eine plastische Vorstellung der Zukunft zu destillieren. Meteorologinnen und Wetter-Redakteure sagen uns: So wird das Wetter am Ort X zum Zeitpunkt Y sein. Das ist ein wunderbarer Service, aber natürlich wissen wir nach dem Wetterbericht oder dem Blick in die Wetter-App eben nicht, wie das Wetter genau wird. Das ist eine Illusion, gerade was Regen angeht.

Wir Mitteleuropäer haben das Glück, dass unser Wetter meist wechselhaft ist. Das heißt aber auch, dass es oft nicht genau so ist wie vorhergesagt oder befürchtet. Das Wetter ist das Wetter, wir können es nur im Moment erfahren. Wir müssen also rausgehen und nachsehen. Und dann unsere Schlüsse ziehen, wie das Wetter in einer oder drei Stunden wohl sein wird. Müssen entscheiden, wie wir uns dazu verhalten.

Nichts nimmt uns dieses Hingehen und Entscheiden ab. Gerade bei regnerischem Mischwetter stoßen die Wetter-Moderatorin und die App an ihre Grenzen. Sie zeigen uns zwei Tröpfchen auf dem Wolken-Icon, sie sprechen von »bewölkt mit Schauern«. Soll ich deshalb auf den Spaziergang mit einer Freundin verzichten? Soll ich die Grillparty absagen? Wenn ich das reflexartig tue, schrecke ich zurück vor dem Klischee Regen. Ich werde nicht erfahren, wie es wirklich ist – da draußen in der Zauberwelt, die wir Wetter nennen.

Was hilft dagegen? Für mich habe ich diesen Weg gefunden: das Wetter mit allen Sinnen wahrnehmen. Hinter das Klischee schauen – dort wartet das Leben! Schönheit und Originalität beginnen dort, wo wir uns von vorgeprägten Gedanken lösen. Echte, sprühende Lebendigkeit beginnt jenseits dessen, was wir kennen oder zu kennen glauben. Individualität beginnt, wenn ein Mensch eigene Wege geht. Deshalb habe ich beschlossen, nicht mehr auf das zu hören, was andere über den Regen sagen und was Experten uns vorgeben.

Island-Tief

Der Nachrichtensprecher im Radio warnt vor dem »Frontensystem eines Island-Tiefs«. Nach tagelangem herrlichsten Spätsommerwetter wird es an diesem Septemberabend stürmisch regnen. Nicht der beste Zeitpunkt für eine Wanderung. Oder doch?

Am Nachmittag verdunkelt sich die sonnige Welt. Es bleibt warm, weshalb die düsteren Wolken sich bedrohlich anfühlen. Eine Stunde, bevor ich losgehe, setzt der Regen ein. Viel Regen. Selbst unterm Schirm holen sich Passanten nasse Hosenbeine.

Der Freund, mit dem ich verabredet bin, schreibt: »Die Aussichten sind suboptimal«, darunter eine Grafik mit Wettersymbolen für jede der kommenden Stunden. Die Symbole sind alle gleich: eine hellgraue Wolke mit tiefgrauen Rändern und drei hellblauen Schrägstrichen darunter. Mehr Regenwarnung geht nicht. Meine Frau schenkt mir zum Abschied ein mildes Lächeln.

Wir treffen uns an einem Bahnhof draußen auf dem Land. Als wir unter dem Vordach hervortreten, zögern wir. Es regnet doch recht intensiv. Lieber erst mal die Schirme rausholen, sonst sind wir binnen Minuten durchnässt, trotz Regenjacke. Wir gehen los, während andere von Deckung zu Deckung sprinten.

Die Luft ist gesättigt mit Feuchtigkeit, das Land saugt auf, was kommt. Regendunst liegt über der Straße und über dem breiten Kanal, an dem wir jetzt entlanggehen. Das Wasser tropft vom Schirm auf Schuhe und Unterschenkel, trocknet aber gleich wieder. Nach einer Viertelstunde neigen wir die Schirme probeweise zur Seite – und richtig, da ist nichts mehr. Nur noch Einzeltropfen, Nachzügler aus den Bäumen. Wir brauchen keine Bedeckung mehr und können eine Stunde trocken durch die abendliche Landschaft ziehen. Graugänse sammeln sich am Himmel, Fische schnappen nach Insekten, wir sind allein mit Wolken, Äckern, Wiesen.

Als wir hungrig werden, ist unerwartet eine Schutzhütte da, die den wiedereinsetzenden, leichten Regen abhält. Dann aber, als wir aufbrechen wollen, ein heftiges Trommeln. Wir reden uns ein, dass es schon heller wird, und gehen los, in die Dämmerung hinein, jetzt mit Regenjacken, Regenhosen und Schirmen. Mehr Schutz geht nicht.

Regen plus Landstraße – das ist eine schlechte Kombination. Die Autos machen auf nasser Fahrbahn einen kreischenden Lärm. Im nächsten Dorf hört der Regen plötzlich auf, als wir die letzte Straßenlaterne hinter uns lassen. Es ist inzwischen sehr dämmrig, aber als sich die Augen an das wenige Licht gewöhnt haben, kommt mir die triefende Landschaft wie verzaubert vor.

Wir bleiben am Rande eines Maisfelds stehen. Der Blick schweift über Hügel und Äcker, alles in kaum noch erkennbaren Gelb-, Grün- und Brauntönen. Man muss lange hinsehen, um in der einbrechenden Nacht mehr als dunkle Linien und graue Flächen zu erkennen. Wir bestehen die Geduldsprüfung, spüren den Atem, fühlen die Stille, tauchen ein in eine Landschaft, die sich gerade selbst genügt. Menschen mögen sie mitgeformt haben, jetzt ist hier gerade nichts als Pflanzen, Tiere und lebendige Erde. Wir sind Gäste.

Der Regen setzt wieder ein. Kraftvoll, in natürlicher Harmonie mit dieser Landschaft, die ihm freudig entgegendampft. Wir gehen weiter. Zwei Rehe, die wir zuvor schon gesehen haben, springen im Zuckerrübenfeld auf und suchen das Weite, verschwimmen als schwärzliche Flecken im immer tieferen Grau der Nacht.

Jetzt ist der Regen unser Helfer, er lässt das Sträßchen glänzen, auf dem wir durchs Dunkel ziehen. Das Wasser spiegelt und bündelt das letzte, diffuse Licht aus den Wolken. Links steht ein Wald wie eine schwarze Wand, rechts erstreckt sich ein Acker, den wir mehr riechen als sehen. Plötzlich bedecken dunkle, bewegliche Flecken das schimmernde Band, auf dem wir gehen: Kröten überqueren den Weg.

Die Nacht umfängt uns als waberndes Nichts und will jetzt nur noch Wasser sein. Der Landregen rauscht und schwallt. Ohne Regenkleidung wären wir im Nu durchnässt, aber wir bleiben warm; solange wir gehen, ist alles gut. Nach zwei Kilometern erreichen wir die erste Dorflaterne, sie strahlt uns entgegen wie ein Flughafen nach langem Nachtflug. Bald blenden uns die Bahnhofslichter.

Pitschnass steige ich in den Zug, nach 20 Minuten in der Wärme bin ich fast schon wieder trocken. Ich steige aus, gehe auf die Lichtinsel zu, die mein Zuhause ist, und setze in Gedanken noch Schritt für Schritt auf das regenschimmernde Band vor meinen Füßen.

Pelzcape oder Mackintosh?

An Regenkleidung hat mich lange Zeit nur die Funktion interessiert. Hauptsache dicht und möglichst atmungsaktiv. Wie ich aussah, wenn ich irgendwo durch einen Schauer lief, war mir egal.

Das sehen modebewusstere Menschen sicher anders. Jedenfalls habe ich mir diese Frage nicht gestellt: Wie sähe die Welt eigentlich aus, wenn alle sich ausschließlich zweckmäßig anziehen würden? Wenn sie auf Schönheit und Stil einfach verzichteten, obwohl sie es sich ohne Weiteres leisten könnten, ihren Mitmenschen ein angenehmeres Bild zu bieten? Zum Beispiel bei Regen: Die Welt wäre dann bevölkert von unförmig verpackten Gestalten, die an Michelin-Männchen oder Signalbojen erinnern.

Das möchte selbst ich dann doch nicht. Die Outdoor-Industrie kommt uns zu Hilfe und bietet einigermaßen schicke Regenkleidung an. Auf die Spur dieser Entwicklung brachte ich mich ein Interview mit dem schwedischen Modedesigner Alexander Stutterheim. »Es sieht nicht stylish aus, wenn man im Regen nur mit einer Zeitung über dem Kopf durch die Stadt läuft«, meinte er: »Hat man aber einen ordentlichen Regenmantel an, kann man die Widrigkeiten der Natur mit Würde feiern, anstatt sich vor ihnen zu verstecken.«

Würde- und stilvoll im Regen – das schien mir eine interessante Idee. Regenkleidung begann mich als Modethema zu interessieren, aber ein Blick in die Geschichte führt erst einmal zurück zu Fellen, Wolle und Filz. Lange Zeit war der persönliche Stil das geringste Problem derer, die in den Regen hinausmussten. Was fehlte, war wirksamer Schutz vor Nässe und Kälte. Erst in der städtischen Kultur des 19. Jahrhunderts war der Markt reif für wasserdichte und zugleich elegant geschnittene Regenkleidung. Es gab aber das Material nicht, aus dem man sie hätte schneidern können.

Genauer: Es gab das Material, nur wusste in Europa und Nordamerika niemand, wie man es herstellte. Schon 1615 hatten spanische Kolonialisten aus Mexiko berichtet, dass die dortigen Indios die milchige Flüssigkeit des Kautschuk-Baumes nutzten, um damit Stoffe zu imprägnieren. Sie stellten auf diese Weise höchst regentaugliche Ponchos her. Aber Anfang des 19. Jahrhunderts war es selbst im Zentrum der industriellen Revolution, dem regenreichen Großbritannien, noch nicht gelungen, dieses Bearbeitungsverfahren zu entschlüsseln. Erst 1819 meldete ein Erfinder namens Thomas Hancock ein erstes Patent für die Imprägnierung von Stoffen mit Gummi an.

Es dauerte trotzdem noch etliche Jahre, bis Hancock zusammen mit dem schottischen Unternehmer Charles Macintosh wirklich brauchbare – dichte, flexible, nicht stinkende – Regenmäntel im großen Stil produzieren konnte. Die Erfolgsgeschichte der Marke »Mackintosh« (das »k« kam erst spät hinzu) begann in den 1830er Jahren. Je populärer die wasserdichten Mäntel wurden, desto lauter tönte allerdings auch die Kritik von Medizinern. Sie warnten vor einem Hitzestau: Der Mackintosh würde »das Schwitzen unterbinden« und schädige deshalb die Gesundheit.

1844 erfand Hancock die Vulkanisation, was die Mackintosh-Regenmäntel noch einmal verbesserte – und spätestens in den 1880er Jahren gehörte »der Mac« in jeden britischen Haushalt, der ihn sich leisten konnte. Eine Frage aber blieb offen:

Sah man darin nun würdevoll aus? Es dauerte lange, bis auch konservative Bürger diese Frage eindeutig bejahen konnten. Letzte Zweifel über Schick und Tragbarkeit verschwanden erst, als im Jahr 1953 die junge Königin Elisabeth II. mit ihrem Gemahl Prince Philipp bei strömendem Regen vor die Kameras trat. Er trug ein sehr königlich, allerdings auch ein wenig archaisch wirkendes Pelzcape, sie dagegen wirkte – wie Cynthia Barnett kommentiert – »elegant und modern in einem braunen Mac«.

Wenn der Westwind pfeift

Depriwetter, sagt der erste, mit dem ich an diesem Tag telefoniere. Scheißwetter, sagt die zweite. Ich schaue lieber nicht raus, der dritte.

Ich finde das Wetter ganz in Ordnung, möchte aber nicht zu umständlichen Erklärungen ansetzen. Ich finde es sogar gut, weil es seit sieben Monaten viel zu wenig geregnet hat. Ich sehe die dunklen Wolken neugierig an, während sie vorüberziehen: Woher kommen sie, was bringen sie, welche Formen und Farben nehmen sie an? Ich finde das Wetter übrigens auch gut, weil ich den Wechsel mag: Lange Zeit war es hell und ziemlich trocken. Heute ist alles anders, Regen verzaubert die Welt.

In der Innenstadt pfeift der Westwind nasskalt um die Ecken. Die Menschen gehen in einer merkwürdigen Verrenkung herum, die an eine Yoga-Übung erinnert: Sie ziehen die Schultern bis zu den Ohren hoch, beugen dabei den Kopf und ziehen die Mundwinkel resolut nach unten. Ihre Miene kündet von der Zumutung, schon wieder einen Februar in Norddeutschland verbringen zu müssen.

Darüber ließe sich reden. Während ich Wettergeschimpfe aller Art eher langweilig finde (weil das Wetter immer ist, wie es ist), könnten wir uns über den Februar angeregt unterhalten. Was nämlich ist der Februar, falls man nicht zu den Karnevalisten gehört, die ihn zuerst wegfeiern und dann wegschlafen? Der Februar ist ein Übergangsmonat: nicht mehr richtig Winter (jedenfalls unterhalb von 500 Metern Meereshöhe), längst noch nicht Frühling. Er ist ein Monat des Umsatzmachens für Unternehmen, der konzentrierten Projektarbeit für Kreative, der Vorbereitungen für Bau und Landwirtschaft. In der Natur ist er – jedenfalls in unseren Breiten – ein Brückenmonat. Er lässt die Wintersaat reifen und den Knospen Zeit, sich für den nahenden Frühling schick zu machen. Aber das geschieht weitgehend unter Ausschluss der Öffentlichkeit. Kein Wunder, dass der Februar das Aschenbrödel unter den Monaten ist.

Mein Weg führt durch einen kleinen Park, in dem alles trieft und quaatscht. Selbst die Hunde wirken sediert, auf ihren Schultern, die den tief hängenden Kopf überragen, bildet das nasse Fell kleine Zacken. Sie rennen nicht auf andere Hunde zu, lassen Passanten unbeschnüffelt, scheinen pauschal enttäuscht vom Riechergebnis an Büschen und Pfosten.

Ich betrete das Gebäude, in dem ich heute mit vielen Menschen reden werde, und sammle den Tag über weiteres Wortmaterial ein, das mit Regen zu tun hat: noch zweimal Depriwetter, viermal Schietwedder, dreimal verregnet, gern auch in Kombination mit völlig oder total.

In den Pausen plaudern wir über die Sehnsucht nach dem Süden. Wir schauen uns die Temperaturen in Rom und Malaga, auf Lesbos und Teneriffa an. Und die anderen dürfen mich ruhig ein bisschen skurril finden, wenn ich andeute, dass ich mich über die Wolkenbilder des unterschätzten Monats Februar freue, seinen Frost, seine Regengeräusche, seinen Matsch in tausend Gestalten.

Am Abend schaue ich durch eine Fensterscheibe in die Dunkelheit, freue mich über drei von hundert Regentropfen, die im Licht einer Straßenlaterne sternhell aufblitzen. So hell, dass ich aufstehe und nachschaue, ob die Wolken vielleicht schon weg sind und dahinter echte Sterne leuchten.

Es ist nur der Februarregen.

Friesennerz und Designerstolz

In Tokio regnet es deutlich mehr als in London, das auch schon gut wegkommt bei den Niederschlagsmengen. Kein Wunder, dass schicke Regenmäntel im modebegeisterten Japan hoch im Kurs stehen und dass die Marke Mackintosh heute in japanischem Besitz ist.

Der japanische Modedesigner Kenzo entwarf einmal einen weiten Regenmantel in der Optik einer japanischen Mönchskutte – wallend, mit übergroßer Kapuze. Heute bietet er Regenmäntel in expressivem Design an: Hier wuchern exotische Pflanzen im Urwaldlook; dort leuchtend rote Flammen, mit Ultramarin und Dunkelblau verwirbelt, was entfernt an einen Vulkanausbruch erinnert. Der Schlüssel für das Interesse der Modedesigner am Thema Regenmantel – nicht nur in Japan – war das Material PVC. Seit den sechziger Jahren nutzten bekannte Designer wie Pierre Cardin, Yves Saint Laurent und Paco Rabanne die Chance für ein farbenfrohes Design auf größeren Flächen. Ihre PVC-Mäntel, teilweise mit passenden Regenhüten, empfahlen sich sicher nicht für schweißtreibende Bergtouren, brachten aber Farbe in den städtischen Regen von Kyoto bis München.

Ich erinnere mich allerdings noch mit sanftem Schaudern, wie man sich unter der Regenkleidung der sechziger und siebziger Jahre fühlte: wie in einer heißen Wurstpelle. Was damals fehlte, war ein Material, das sicher vor Regen schützte und zugleich übermäßiges Schwitzen verhinderte. Bill und Robert Gore, Vater und Sohn, fanden in ihrer Garage im US-Bundesstaat Delaware die Lösung. Seit ihrer Markteinführung 1976 bahnte sich die Regenmembran mit Gore-Tex (und in der Folge vielen ähnlichen Marken) ihren Weg in die Bekleidungsindustrie.

Womit mein Streifzug durch die Geschichte der Regenkleidung in der Gegenwart ankommt. Wenn ich mich an einem regnerischen Frühlingsmorgen in der U-Bahn umschaue, entdecke ich lauter Kleidungsstücke, die auch für eine mehrwöchige Rucksacktour taugen würden. Findet sich ein echter Mackintosh dazwischen, so wirkt dieser erstaunlich konservativ – ein Hauch von Prince Philip zwischen lauter Abenteurern auf dem Weg ins Großraumbüro.

Allerdings haben, nach einer längeren Pause, auch die Edel-Designer das Thema Regen wiederentdeckt. Bei dem einen sieht ein Regenmantel dann aus wie aus edlem Seidentuch gefertigt, der andere zitiert mit Signalrot und eingearbeiteten Reflektoren klassische Bauarbeiter-Kleidung. Legendär ist ein Entwurf der Düsseldorfer Designerin Demna Gvasalia. Sie schuf 2016 ein bodenlanges schwarzes Regencape mit dem Aufdruck »POLIZEI«. Es schlug bei Fashion Shows mächtig ein. Allerdings auch bei der Polizei. In Stuttgart wurde ein Modejünger von Polizisten angehalten, sie konfiszierten sein Cape. Es ähnelte dem Regenschutz, den die dortigen Reiterstaffeln der Polizei tragen. »Gut, dass Paris, London und Mailand nicht Stuttgart sind«, seufzte die »Vogue«.

Etwas weniger expressiv geht der anfangs zitierte Schwede Alexander Stutterheim vor, wenn er vom »persönlichen Stil« eines Regenmantels spricht. Seine Kreationen erinnern eher an den klassischen Friesennerz, jene leuchtend gelben, innen blauen Regenjacken aus PVC, die Nachfolger des klassischen Ölzeugs für Küstenbewohner. (In Westdeutschland wurde der Friesennerz in den 1970er Jahren massenhaft getragen, in der DDR eher in den 1980er Jahren unter der Bezeichnung »Wetterwendejacke«.) Auch das dänische Label »Rains« setzt auf klassische Schnitte und Einfarbigkeit. Bei solcher Regenkleidung sind oft die Farben der Clou: Es handelt sich um Töne von Weiß über Grün bis Anthrazit, die es irgendwie schaffen, zugleich dezent und schick auszusehen.

Wasser, Wasser, Wasser

Anfang September steht der Sommer schon in der Tür, bald ist er draußen und kommt lange nicht zurück. Ich merke es, als ich zum ersten Mal morgens um halb sieben das Licht im Bad anknipsen muss. Dicke, flächige Wolken filtern das Sonnenlicht aus dem Himmel.

Einzelne Tropfen zerplatzen auf dem Gehweg. Schwer zu sagen, ob sie aus den Wolken fallen oder den Bäumen. Jedenfalls ist Wasser da, es lässt Straßen und Dächer glänzen, steht als Dunst über den Gärten. Die Morgenkühle ruft nach Wolle.

An diesem Tag fällt mir auf, wie gelb viele Bäume schon sind. Es muss ein inneres Jahreszeitenprogramm sein, das meine Aufmerksamkeit auf die Blätter lenkt. Sie leuchten ja nicht wie an einem Sonnentag, im Gegenteil. Es ist der Mangel an Licht, der den Blick für Farbunterschiede schärft. Der langsam heraufziehende Herbst lehrt mich, genauer hinzuschauen. Ein neuer Grundton Grau, der im Sommer verschwunden war, taucht im Hintergrund auf und stellt die allerersten Herbstfarben heraus. Büsche und Weiden sind noch kräftig, aber dazwischen tritt ein blasses Gelb hervor, ein vereinzeltes Rot. Der Regen nimmt zu, breitet sich aus. Wasser, Wasser, Wasser ist jetzt überall – auf den Blättern, auf dem Gehweg, auf den S-Bahn-Gleisen.

Den Himmel malen

Wie malt man Himmel? Nicht den Himmel, die Himmel. Das genau ist das Schwierige: In dem Moment, da eine Malerin den Himmel skizziert, verändert er sich schon wieder. Ein Modell im Atelier muss stillsitzen. Der Himmel ist ständig in Bewegung, immerzu wabert er, verschattet sich, kleidet sich in neue Farben. Die Künstler, so stelle ich mir vor, haben nur zwei Chancen: Entweder sie sind sehr schnell und halten quasi fotografisch einen bestimmten Moment fest; oder sie vertrauen auf ein inneres Bild, das ihr Hirn aus vielen Momenten zusammenrechnet, aktuellen wie längst vergangenen. Wahrscheinlich kombiniert ein gelungenes Himmelsbild beide Verfahren.

Ich mache den Test, betrachte den Himmel von einem Feldrand aus; gehe ein paar hundert Meter weiter, schaue wieder hinauf – und sehe ein anderes Bild. Schließe die Augen, zähle bis 20 – und sehe ein anderes Bild. Respekt vor der Leistung all derer, die Himmel malen, vor allem Wolken. Noch mehr Respekt vor denen, die den Himmel zum zentralen Objekt ihrer Bilder gemacht haben.

Ich lerne: Mindestens drei Malschulen in der europäischen Neuzeit haben sich sehr genau mit Wolken beschäftigt. Den Auftakt machten die niederländischen Landschaftsmaler des 17. Jahrhunderts, die zu Experten für fahles Licht und raues Wetter wurden. Wer um 1650 in den prosperierenden Niederlanden seinen Wohlstand zeigen wollte, der bestellte ein Landschaftsgemälde. Licht, Luft und Farben machen dessen Reiz aus. Besonders die Maler der Ruisdael-Familie wurden immer besser darin, komplexe Stimmungen darzustellen, und dazu diente ihnen in erster Linie ein sorgfältig gestalteter Wolkenhimmel.

Richtig spannend wurde das, als diese Maler sich von den – für den Barock typischen – italienischen Landschaften lösten und die Himmel ihrer Heimat malten. Jacob von Ruisdael (1628–1682) schuf Wolken, die offensichtlich stilisiert waren, aber seinen Kunden dennoch bekannt vorkamen. In diesen Himmeln türmte und schichtete es sich in Beige, Weiß, Grau und Lila, während die Welt darunter geheimnisvoll verschattet blieb. Die Wolken als Hauptdarsteller: Die Wirkung dieses Prinzips lässt sich bis zu den großen Landschaftsmalern der Romantik 150 Jahre später verfolgen.

Das Wabern

Als es hell werden soll, bleibt es dunkel. An diesem Morgen fressen mächtige Wolken das Licht des beginnenden Tages weg. Es regnet stark, aber ich bin trotzdem zu faul, für den kurzen Weg zum Bahnhof die Regenhose anzuziehen.

Die Böen springen mich von vorn an und rütteln am Fahrradlenker. Ich muss ordentlich treten, um überhaupt voranzukommen. Mir wird ein bisschen zu warm unter meiner dicken Jacke. Dann sitze ich mit regennassen Hosenbeinen in der S-Bahn. Alles nicht schön, aber wenigstens bin ich jetzt richtig wach.

Ich wische ein Stück der beschlagenen Scheibe frei. Mein Blick fällt auf die vorbeiziehenden Äcker. Nackt und nass liegen sie da. In den Senken des tiefbraunen Geländes haben sich Pfützen gebildet, sogar Lachen, ganze Seen. Sie liegen wie Märchenspiegel auf der bloßen Erde, zeigen waberndes Wolkengrau, aus dem jeden Moment Schneewittchen hervorlugen könnte. Märchenhaftes Scheißwetter.

Wolken über der Elbe

Wer heute in der Pirnaischen Vorstadt von Dresden steht, am so genannten Terrassenufer, und nach Norden über die Elbe schaut, kommt zwischen Mehrfamilienhäusern und parkenden Autos kaum auf die Idee, dass hier einmal das Hauptquartier zweier Wolkenbeobachter war. Hinter einer Baumreihe glänzt zwar die Elbe, auch die breite Elbaue am Südufer ist zu erahnen, aber nachgerade inspirierend wirkt das nicht. Die Türme der Dresdner Innenstadt, das »Elbflorenz«, sind nach Westen hin nur zu erahnen. Hier wird gewohnt und gependelt.

Aber genau hier – Adresse damals: An der Elbe 33 – wohnten 20 Jahre lang zwei Maler unter einem Dach, die den Himmel vom Rand ins Zentrum ihres Schaffens holten und damit nachfolgende Künstlergenerationen stark beeinflussten: Caspar David Friedrich (1777–1840) logierte im 3. Stock, Johann Christian Clausen Dahl (1788–1857) im 4. und 5. Stock. Die Atelierfenster der Nachbarn und Freunde zeigten zur Elbe hinaus. Von hier aus fertigten Friedrich und Dahl Skizzen an, die sich später in den Himmeln ihrer großen Ölgemälde widerspiegelten.

Ich stelle mir vor, wie sie an den geöffneten Fenstern saßen und konzentriert auf die Wolken überm Elbtal schauten. Friedrich und Dahl fertigten mit Ölfarben Skizzen auf Karton an. Das ging erst, seit schnelltrocknende Farben verfügbar waren. Eine neue Technik: Maler (damals fast ausschließlich männlich) konnten erstmals das Gesehene in Farbe festhalten, ohne sich auf lange Trockenzeiten einrichten zu müssen. Was die beiden Dresdner aus dem flüchtigen Himmelsgeschehen machten, erscheint Kunstkritikern bis heute faszinierend – gerade weil ihren Skizzen der zeitgemäße Pomp der großen Gemälde fehlt. Die Skizzen sollten nicht das volle Können der Künstler zeigen, sondern Wolken abbilden, wie der Maler sie im Moment sah.

Dahl ging 1825 so weit, dass er den »Himmel über dem Schlossturm von Dresden« tatsächlich in den Mittelpunkt einer Skizze stellte. Nur unten links sind ein paar Turmspitzen und ein Dachfirst zu erkennen. Hauptdarsteller sind drei lilagraue Haufenwolken sowie einige hellere Streifen und ein Rinnsal aus lichtem Blau. Friedrichs zahlreiche Ölskizzen mündeten in Gemälden wie »Ziehende Wolken« von 1820. Es zeigt einen Blick über die Hänge des Riesengebirges. Ein Mann steht auf Höhe der zerzausten Wolken, deren Grau Friedrich mit grünen und gelben Pastelltönen nuanciert. Ich spüre beim Betrachten die feuchte Luft und den rauen Wind, verliere mich – mal in der überwältigenden Fernsicht, mal in den vorbeitreibenden Wolkenfetzen. Und dann in Erinnerungen an eigene Bergtouren: ein Gipfelblick in den Abruzzen, Sturmwolken an der irischen Küste, aufsteigende Nebel im Allgäu.

Wolken als Hauptdarsteller: Für uns, die wir das Spiel mit Perspektiven gewohnt sind, ist das nichts Großes. Für das frühe 19. Jahrhundert war es eine kleine Revolution. Nicht nur, dass Natur in den Bildern der romantischen Künstler ihren Schmuck-Charakter verlor und plötzlich vorn auf der Bühne stand. Obendrein war ein echtes Bemühen zu erkennen, die Natur tatsächlich »wahr« zu nehmen. Die Pioniere der Romantik gestanden ihr eine eigene Wirklichkeit zu.

Aus diesen Sehversuchen, aus der beginnenden Aufwertung der Natur wurde dann rasch eine starke Überhöhung. Die Suche ist noch lange nicht abgeschlossen. Noch heute sind Künstler aller Sparten dabei, die Natur neu zu finden: nicht als bloßen Spiegel menschlicher Vorstellungen, sondern als echtes Gegenüber. Wir wissen noch immer nicht, was genau passiert, wenn wir sie nicht länger als Objekt ansehen, sondern als Subjekt, wenn sie als gleichberechtigter Akteur in unsere Zivilisation tritt. Immerhin: Mit ihren Wolkenskizzen, mit ihrem Interesse für das Flüchtige waren Friedrich und Dahl nah dran an einem unvoreingenommenen Blick auf die Natur.

Goethe holt sich einen Korb

Für Caspar David Friedrich waren Wolkenbilder wichtig. Kein beliebiges Motiv, sondern eines, über das man sich streiten konnte und musste. Der schon damals berühmte Goethe bat Friedrich einmal, die erst kürzlich klassifizierten Wolkenarten (Cumulus, Stratus, Nimbus) zu malen. Goethe verfolgte damit eines seiner Lebensprojekte: Er wollte die innere Ordnung der Natur verstehen und eine umfassende naturwissenschaftliche Systematik entwickeln. Friedrich jedoch erteilte Goethe eine recht rüde Abfuhr. Das Projekt der romantischen Maler war eben nicht, die Natur zu erklären, sondern sie zu erfahren und erfahrbar zu machen. Die europäische Aufklärung und die Französische Revolution hatten aufgeräumt mit ewigen Wahrheiten. Philosophie, Religion und Gesellschaftsordnung waren vom Thron geholt: Sie waren – und blieben es fortan – zeitbedingt. Jeder konnte das spüren und sehen, und die romantischen Künstler wandten sich folgerichtig der Natur zu, die ebenfalls flüchtig war, aber doch etwas Ewiges in sich zu tragen schien. Ihr Sinnbild war die Wolke.

Regenwelten

Die Vorhersage ist düster. Ich stimme meine Mitwanderer vorsichtshalber auf Regen ein. Dann ist da nichts am Himmel außer flächigen Wolken. Regentropfen glitzern silbrig an Hagebuttenästen, geschmackvoll verteilt wie Christbaumkugeln. Darunter ein wunderschönes Moosmuster, in farbstarken, dichten Grüntönen. Ein wenig Niesel liegt in der Luft.

An die Kälte gewöhnt sich die Gesichtshaut schon nach wenigen Schritten gegen den starken Wind. Die Wangen röten sich, der Teint strahlt. Wir sind uns einig, dass es bei solchem spätherbstlichen Wetter quasi unmöglich ist, verschlafen auszusehen. Unablässig ziehen mittelgroße Kumuluswolken über uns hinweg. Wo sie besonders dunkel sind, wird der Regen kurz stärker, aber es bleibt nichts als ein dünner Feuchtfilm auf der Jacke, der Wind trocknet alles ab.

Als wir den Rückweg antreten, scheinen die Wolken tiefer zu hängen. Jetzt geht der Regen wohl richtig los. Aber wir brauchen nicht mal die Regencapes. Schwaden ziehen heran und vorbei.

Dann, mitten im Gespräch, spüre ich, dass sich etwas ändert. Ein warmes Licht kommt von Südwesten her, die sinkende Sonne leuchtet die Landschaft aus. Wir gehen erhöht auf einem alten Deich, schauen über Felder und Wälder, sehen, wie die Farben satter, dunkler werden. Die Landschaft bemäntelt sich neu. Wir bleiben stehen und schauen.

Als ich ins Auto steige, scheint es tatsächlich kaum noch zu regnen. Regencapes und Schirme landen unbenutzt im Kofferraum. Ich bin komplett getrocknet. Als ich aber losfahre: helles, hartes Getrommel auf dem Autodach. Auf den Scheiben starker Regen. Auf der Autobahn lautes Spritzen und Zischen.

Der Unterschied mag sein, dass wir als Fußgänger dem Regen Raum gegeben haben und die Landschaft so genommen haben, wie sie gerade war. Hinter Blech und Glas, auf einer breiten Teerstraße, ist Regen nur noch laut und lästig.

Der Heuwagen

In den 1820er Jahren arbeiteten Künstler überall in Europa daran, das Himmelsgeschehen auf neue Weise abzubilden. Vom berühmtesten der Wolkenmaler, John Constable (1776–1837), hatte ich bis zur Arbeit an diesem Buch nie etwas gehört. Nicht, dass in England eine ganze Landschaft nach ihm benannt ist: Constable Country. Nicht, dass man sommers in heftiges Gedränge gerät, wenn bis zu 15.000 Touristen und Ausflügler pro Tag anreisen, um Constables berühmtestes Gemälde sozusagen live zu sehen: »The Hay Wain« (der Heuwagen). Aus dem Wolkenmaler ist eine Art Popstar geworden.

Der Heuwagen: Noch ist er leer; von schwarzen Pferden gezogen, durchrollt er eine flache Furt, wohl auf dem Weg zu einem Feld, wo Heu vor einem heraufziehenden Sommergewitter zu retten ist. Das Gemälde verkörpert für viele Briten »Merry Old England«, jene Sehnsuchtslandschaft, die in gewisser Weise Europa den Brexit eingebrockt hat. Merry Old England ist eine romantische Landidylle, in der jeder seinen Platz und sein Auskommen hat, alle sozialen Schichten in eigener Würde leben und vor Zumutungen wie Industrialisierung und Globalisierung geschützt sind.

Nicht-Engländern fällt die Verehrung für Constables Heuwagen-Bild nicht leicht. Auch ich finde das Motiv reichlich kitschig – bis ich meine Aufmerksamkeit auf den Himmel richte. Die Haufenwolken wirken wie fotografiert, nur lebendiger, man sieht ihnen ihr Tempo an, spürt ihre Unruhe, erfasst das Drama der Bauern, die Hagelschlag fürchten und ihre Ernte retten wollen. Ein leichtes Flirren auf dem Fluss lässt mich die Böen spüren.

»Malen ist ein anderes Wort für Fühlen«, schrieb Constable 1821 an einen Freund und bezog sich dabei ausdrücklich auf seine Himmelsstudien. »Skying« nannte er seine Arbeit in der Landschaft mit Blick auf die Wolken. Er wechselte zwischen zwei Ateliers hin und her: Das eine lag rund um die Heuwagen-Szene, hundert Kilometer nordöstlich von London. Das andere war ein Gartenhäuschen am Rande des damaligen Londons, direkt beim heutigen Landschaftspark Hampstead Heath. In Constables Gemälde »Richard Steele's Cottage« tritt uns wieder eine Landstraßenszene entgegen, in der Ferne scheint die weltberühmte Kuppel von St. Paul's Cathedral auf. Aber die ist ein Randphänomen, Hauptdarsteller ist der von hinten erhellte Südhimmel mit seinen dunklen Schatten am Rand. Er wirkt so natürlich, als schaute man selbst darauf, in diesem Moment.

In manchen seiner Wolkenstudien lässt Constable die Kirchtürme, Bäume, Farmhäuser und Hügel schließlich ganz weg. Da ist nur noch ein weiter Himmel, der das englische Seeklima atmet. Wieder scheinen die Wolken sich zu bewegen. Wieder erschließen sich Linien und Strukturen erst nach langem Hinsehen, aber genau aus dieser scheinbaren Nicht-Gestaltung entsteht der Eindruck vibrierender Vielfalt. Constables Farben unterstützen das noch: von Dunkelbraun, über Lila bis zu einem satten Ocker variieren sie, drumherum Wolkenweiß in zahllosen Nuancen. »Es wird schwer, einen Landschaftstyp zu finden, im dem der Himmel nicht die Schlüsselrolle spielt, den Maßstab setzt und das Hauptorgan des Gefühls bildet«, schrieb Constable. Bei ihm jedenfalls ist die Schlüsselrolle unbestritten. Er wünschte sich, dass der Betrachter die Windrichtung spürt und ahnt, wie sich die Wolke in den folgenden Minuten verändern wird.

Constables Kunst war es, Regen zu zeigen, bevor er fällt. Regen in statu nascendi, im Moment seines Entstehens.

Regenmaler

Es dauert, bis ich verstanden habe, dass man Regen nicht nach der Natur malen kann. Wolken ja. Einen Sturzregen vielleicht oder einen Schauer aus zwei Kilometern Entfernung. Den Glanz auf der Straße, wenn es geregnet hat. Tropfeneinschläge auf einer Pfütze. Aber eben nicht ganz normale fallende Regentropfen. Wenn Künstler sie – im Stil von Zeichnern – als Regenfäden malen, ist das schon eine krasse Stilisierung. Kein Wunder, dass Ruisdael, Friedrich, Dahl und Constable sich an die Wolken gehalten haben.

Ich schließe meine Exkursion zu den Regenbildern deshalb mit einem Popkünstler ab, der es da einfacher hat. David Hockney scheut sich nicht, den Regen selbst zu malen. Bei ihm besteht er aus länglichen Linien in Weiß. In seinem Bild »Rain« bildet der schräg einfallende Regen einen Vordergrund für sich. Dahinter sind Tropfenaufschläge zu sehen, die ihre Ringe in die Welt schicken; und aus den Ringen heraus tropft es wie aus überlaufenden Regentonnen, Bäche fließen in die Welt. Ein schillerndes Vergnügen, leicht und optimistisch – aber nicht naiv. Hockneys Bilder gehören zu teuersten auf dem Kunstmarkt.

Wundertage

Mitte Oktober kommt starker Regen, tagelang. Überall bilden sich Pfützen. Sie zeigen Spiegelbilder der Straßenbäume und Verkehrsschilder, des Himmels. Fallen Tropfen auf eine Pfütze, lassen kreisrunde Wellen die Bilder verschwimmen.

An einer großen Pfütze bleibe ich stehen und schaue mir die Wellenringe genauer an. Was auf den ersten Blick wie nur ein Ring aussieht, besteht eigentlich aus zwei oder drei sehr schmalen Ringen, die durch Wellentäler getrennt sind. Ich mache ein Handyfoto und spreize es mit den Fingern auf: Mein Erstaunen steigt. Ich sehe Ringe, ausgelöst von benachbarten Tropfen, die sich ineinanderfügen, als wären sie zu einer Kette geschmiedet: Ein Ring greift in den anderen. So entsteht auf einer beliebigen Pfütze das klassische Symbol für zwei Hochzeitsringe mit der Botschaft »untrennbar verbunden«. Da kann man sich nur wundern.

Und überhaupt: Wo gibt es in der Natur sonst noch perfekte Kreise? Mir fallen Monde und Sterne ein, Vulkanseen, Beeren, Stämme und Stengel im Querschnitt. Moleküle, Atome – da müsste man weitersuchen. Trotzdem schließe ich: Ein Regentropfen, der auf eine Wasserfläche fällt, bringt ein eher seltenes Ebenmaß in die uns umgebende Welt, ein Stück perfekter Geometrie inmitten von Wildwuchs.

Ich gehe weiter durch den Regen und sehe immer mehr Erstaunliches: Steine, die im Regenglanz ihre Konturen und Maserungen herauskehren. Moos und Blätter, die sich vor einem Gully aneinanderdrücken und im glitzernden Regenwasser ihre Farben ausstellen. Später sitze ich im Auto und mag nicht losfahren: Die Windschutzscheibe zeigt verschwommene Bilder, die sich mit jedem neuen Tropfen verändern. Soll ich diese vibrierende Pracht mit dem Scheibenwischer zerstören?

Regentage sind Wundertage.

Regenwissen

Nanotröpfchen lieben Schmutzpartikel • Ein Brummifahrer hasst Regen vom Typ 17 • Sprühregen ist der Terrier unter den Regenarten • Tropfen segeln am Fallschirm zu Boden • Isaac Newton entzaubert den Regenbogen • Findige Wetterkundler verkaufen Hochdruckgebiete • Menschen sind auch nur Lurche • Woody Allen lässt es regnen • China macht den großen Regen •

Das Geheimnis der Wolken

Am Anfang ist das Meer. Dazu kommt die Sonne, sie bescheint das Meer. Wasserdampf bildet sich und steigt zum Himmel auf, eine Wolke entsteht. Jetzt kommt Wind dazu, der die Wolke vorantreibt. Früher oder später passiert etwas mit ihr, das sie dazu bringt, abzuregnen. Oft hat dieses »etwas« mit dem Terrain zu: Die Wolke schwebt auf eine Bergkette zu, muss aufsteigen, um darüber hinwegzukommen, wird dabei kälter.

Da haben wir es, das komplexe Gefüge, aus dem heraus Regen entsteht. Vier wesentliche Kräfte sind daran beteiligt: Wasser (das Meer oder andere Quellen von Wasserdampf), Sonnenenergie, die Wasser und Luft erwärmt, dazu Wind und Terrain. Es kommt allerdings sehr auf die Feinheiten an – darauf, wie die vier Kräfte zusammenwirken. Und es braucht noch etwas mysteriöses Fünftes, damit das scheinbar simple »Abregnen« tatsächlich stattfindet.

In der Schule wurde an dieser Stelle ein Schaubild gezeigt, der Regenkreislauf: Meer, Land, ein Berg, eine Wolke, ein Bach, der in einen Fluss mündet, der wieder ins Meer mündet. Alles verbunden durch Pfeile, die zusammen eine Art Oval ergeben. Das Schaubild leuchtete mir irgendwie ein, aber es blieben Fragen offen: Warum bilden sich Wolken auch über dem Land, obwohl kein Meer und kein See in der Nähe ist? Ich hatte das mit eigenen Augen gesehen. Dann war da diese Sache mit dem »Abregnen«. Die Wolke steigt am Berg auf, wird kühler, deshalb fällt der

Regen. Oder musste man so sagen: Wenn die Wolke aufsteigt, wird der Wasserdampf kälter und kondensiert, dann bilden sich Regentropfen? Ich fand das ziemlich undurchschaubar und nur mäßig interessant. Sollten die Wolken ihr Geheimnis für sich behalten!

Das Geheimnis der Wolken ist das der Kondensation. Wir pusten unseren warmen Atem gegen eine kalte Fensterscheibe und kleine Tröpfchen kondensieren auf
dem Glas. Vage können wir erklären, dass das etwas mit Temperaturunterschieden
zu tun hat. Das Geheimnis der Kondensation steckt aber mindestens so sehr in der
Fensterscheibe wie in der Temperatur. Wasserdampf braucht einen festen Halt, um
zu kondensieren. Den gibt es erstaunlicherweise auch in der Wolke, allerdings für
uns unsichtbar.

Die Wolke besteht aus winzigen Wassertröpfen, nur fünf bis zehn Nanometer
groß. Im Prozess der Kondensation ballen sie sich zu größeren Tröpfchen zusammen. Irgendwann sind sie so schwer, dass Schluss ist mit dem Schweben, die
Schwerkraft zieht sie nach unten. Es beginnt zu regnen.

Warum ballen sich die Nanotröpfchen zusammen? Weil sie im Aufsteigen, zum
Beispiel vor einem Berghang, abkühlen. Weil der Wind sie aufeinander zutreibt.
Vor allem aber: Weil es etwas gibt, woran sie sich festhalten können, den so genannten Kondensationskeim. Das kann ein Staubkorn sein, ein Schwebstoff, ein winzi-
ges Eiskristall, Pollen, Bakterien. In unseren Breiten ist eine »Eisphase« die Regel:
Wolkentröpfchen kondensieren meist zuerst an Eiskristallen. Der feste Kern ist für
die Tröpfchen das, was die Fensterscheibe für unseren Atem ist.

Was war zuerst da, die Nanotröpfchen oder der Kondensationskeim? Die Frage
ist so sinnlos wie die nach der Henne und dem Ei. Regen entsteht, wenn beides
zusammenkommt. Genauer: Regen entsteht, wenn Wasser, Sonnenenergie, Wind
und Terrain Bedingungen schaffen, unter denen der Kondensationsprozess beginnen kann; und wenn es Kondensationskeime gibt, die ihn vollenden.

Meine Fragen als Siebtklässler beantwortet übrigens kein Geringerer als Aristoteles, der Großmeister des Hinsehens und Verstehens. »Regen«, schrieb er (frei
übersetzt) im 4. Jahrhundert vor Christus, »entsteht, wenn eine Wolke, ein großer
Körper aus Dunst, abkühlt; und zwar ist dieser Körper umso größer, je länger er
besteht und je größer das Gebiet ist, in dem er Feuchtigkeit aufnehmen konnte.«
Das sagt es genauer als die Grafiken im Schulbuch: Es muss nicht immer das Meer
sein, in dem die Wolke ihre Feuchtigkeit aufnimmt. Es können andere Wasser-
flächen sein – Seen, Flüsse – oder auch nur feuchte Wiesen, die unter der Sonne
abdampfen. Transpiration nennen das die Wetterforscher. Und die verdanken
ihren Namen dem Buch von Aristoteles: »Meteorologica«.

Sonne, Land und Meer

Am Anfang ist die Sonne. Sie bescheint das Meer. Ich möchte mir die Sache mit dem Regen noch einmal aus der Perspektive der Sonne anschauen. Sie ist der eigentliche Schlüssel zum Wettergeschehen auf dem ganzen Globus. Ohne sie keine Verdunstung, kein Wind, keine Energie im System. Die Sonne erwärmt alles, was die unablässig um ihre Achse rotierende Erde ihr gerade zukehrt: Land und Meere. Land erwärmt sich schneller als Wasser. Die Sonnenwärme bringt deshalb Luftmassen in Bewegung.

Die Erde ist dabei zunächst einmal Empfängerin von Energie. Aber wie sie das macht, ist doch recht eigenwillig. Zum einen ist die Erdachse schräg geneigt, die Sonnenwärme verteilt sich deshalb sehr unterschiedlich. Zum anderen fällt das Sonnenlicht auf sehr verschiedene Oberflächen – vom Flachland bis zum Hochgebirge, von der Wüste bis zum dichten Wald. Schließlich fällt es in verschiedenen Winkeln auf die Erde. Das alles zusammen bewirkt, dass es immer gerade irgendwo wärmer oder kälter ist als in der jeweiligen Nachbarregion.

Durch Temperatur- und Druckunterschiede kommt Bewegung in die unteren Schichten der Atmosphäre. Wärme und Luftdruck haben die Tendenz, Unterschiede auszugleichen, weshalb sich mächtige Strömungen bilden. So entsteht das, was wir Klima nennen – und letztlich das Wetter.

Machen Sie den Test: Öffnen Sie an einem kalten Tag das Fenster in einem beheizten Zimmer. Halten Sie die Hand ins offene Fenster und bewegen sie sie von ganz oben nach ganz unten. Oben ist es warm, unten ist es kalt, in der Mitte können Sie genau den Umschlagspunkt spüren. Jetzt sehen Sie förmlich die Luftströme: Oben gleitet die warme Luft hinaus, unten die kalte hinein. Im Idealfall haben Sie gerade ein paar Seifenblasen zur Hand und können diese oben hinaus und unten ins Zimmer treiben lassen. Willkommen im Grundmechanismus des Wettergeschehens: Luftmassenaustausch.

Ohne Temperatur- und Druckunterschiede hätten wir kein Wetter, wie wir es kennen. Warum sonst sollte sich Luft verschieben?

Am Anfang ist die Sonne. Sie fällt auf Meer und Seen und Flachland und Berge – und sie alle reagieren verschieden auf die Sonnenenergie. Der Ursprung des Regens liegt in diesen Unterschieden. Jeder Regentropfen trägt, wenn man so will, die ganze landschaftliche Vielfalt unseres blauen Planeten in sich.

Regen und Sonne

Schwere Wolkenlast am Abendhimmel, aber Blau dazwischen. Ich radele hinaus in die Landschaft, über ein schmales Sträßchen auf einem breitem Talboden, und habe das alles gerade ganz für mich allein. Kein Auto, keine Spaziergänger. Denn offensichtlich wird es gleich regnen.

Die Wolken sehen nach Regen aus, aber jetzt kommt die dunkelorangene Sonnenscheibe am Rand hervor und verzaubert die Landschaft. Kühe käuen schwanzschlagend wieder, umstelzt von zwei Störchen. Hier könnte man einen Werbespot für die vergessenen Wunder des Hinterlands drehen.

Es fährt sich wie von selbst, kaum Wind, sattes Grün, der Blick kann kilometerweit durch die Landschaft schweifen. Ich rolle in ein Dorf hinein, schlage einen Bogen und rolle gemächlich wieder zurück. Mein langer Schatten streicht über eine Schafherde. Ich gleite dahin und genieße äußere und innere Stille.

Wind rauscht in meinen Ohren, so bemerke ich die Regentropfen erst, als sie die Straßendecke schon schwarz besprenkeln. Meine dünne Mütze reicht als Regenschutz, der warme Wind verweht alle Regenspuren von meiner Kleidung.

Regen und Sonne zugleich – eine Zauberformel. Ich schaue mich um und entdecke im Südosten ein erstes Stück Regenbogen. Wie eine Säule steht er am Himmel. Der Regen wird stärker, ich fahre schneller und bleibe trocken. Die Sonne berührt die Hügel im Westen. Ich rolle weiter und möchte nirgendwo anders sein.

Zweihunderteinunddreißig Arten Regen

In Douglas Adams' Bestsellerserie »A Hitchhiker's Guide to the Galaxy« taucht ein skurriler Fernfahrer auf. Rob McKenna wundert sich, warum er von schlechtem Wetter geradezu verfolgt wird. Wo immer er mit seinem Lkw unterwegs ist, regnet es, weshalb er durchweg die allerübelste Laune hat. Was Rob nicht weiß: Er ist in Wahrheit ein Regengott, deshalb lieben und verfolgen ihn die Wolken. Alle Regenwolken wollen nur eins: ihn streicheln, tränken und verwöhnen. Nach einiger Zeit bieten Reiseveranstalter Rob Unsummen an, damit er ihre Hotels und Strände großräumig umfährt. Der Regengott wider Willen versteht das alles nicht.

Das wäre kaum erwähnenswert, wenn der regengeplagte Rob McKenna nicht eine Regen-Klassifizierung entwickelt hätte, genauer: eine Skala, die 231 Arten Regen vermerkt. Typ 11 zum Beispiel besteht aus »dahergewehten Tröpfchen«, Typ 33a aus »feinem prickelnden Nieselregen, der die Straße glitschig macht«. Abgesehen von den Seestürmen, denen Rob die Nummer 192 bis 213 widmet, ist

Typ 17 sein ärgster Feind: »ein gemeines Klatschen, das so heftig gegen die Wind-schutzscheibe schlägt, dass es ziemlich egal war, ob man seine Scheibenwischer angeschaltet oder abgeschaltet hatte«.

Das ist ein hübscher Hinweis von Douglas Adams darauf, dass es für das Phäno-men Regen bislang keine präzise Fachsprache gibt – anders als für Wind (die Beaufort-Skala) und Wolken (den internationalen Wolkenatlas). Zugleich ist die Skala von Rob McKenna eine schöne Parodie auf alle Klassifizierungen: Die schaf-fen zwar Ordnung und Übersicht, nehmen der chaotischen Wirklichkeit aber auch ihren Zauber.

Wenn ich jetzt versuche, eine Übersicht über die Arten des Regens zu schaffen, halte ich mich an Douglas Adams und versuche es mit Subjektivität und Humor. Nur eine Klassifizierung, die sich selbst nicht ganz ernst nimmt, erhält lebendig, was sie konservieren will. Und keine Angst, ich komme nicht ganz auf 231 Arten Regen.

Kleine Regenkunde, Teil 1

Feuchte Luft: Das Phänomen Regen beginnt, wenn Feuchtigkeit in der Luft spürbar wird. Manchmal ist das schon der Fall, bevor die Feuchtigkeit als Dunst sichtbar wird. Ich spüre: Ich atme anders; winzige Tröpfchen setzen sich auf der Kleidung ab; Haut und Haare beginnen zu schimmern.

Nebel: Zum förmlichen Abregnen reicht es nicht, aber die Wolke hängt so tief, dass ich mitten hindurch gehen kann. Genauer: Es ist wassergesättigte Luft, einer Wolke gleich, die über dem Boden steht. Das ist Nebel, und die Tröpfchen darin sind oft so groß, dass sie sich überall absetzen – an Zaundrähten, Blättern, Fenster-scheiben, Spinnennetzen (was besonders reizvoll aussieht). Nebel ist also eine Art niedriger Regen, der in der Luft steht.

Mikroregen: Auch diesen Regen kann ich kaum sehen, aber er ist da. Er benetzt Pflanzen, Dächer und Hosenbeine. Allerdings reicht ein wenig Wind, dann ist der Mikroregen so schnell verdunstet, wie er daherkam. Es lohnt jedenfalls nicht, einen Regenschutz überzuziehen. Häufig anzutreffen in Irland und Schottland – ein sanf-ter Gruß des atlantischen Golfstroms.

Nieselregen: Kaum sichtbar, aber erstaunlich nass. Kann, wenn kein Wind bläst, T-Shirts durchweichen und sogar Wollpullover durchdringen. Nervt Brillenträger (obwohl die Tropfenmuster auf den Gläsern ihre Reize haben, wenn man sie mal anschaut). Baseball-Kappen sind die Kopfbedeckung der Wahl, außer man traut dem Nieselregen eine Kräftigungskur fürs Haar zu (und glaubt, diese nötig zu haben). – Mützenschirme verhindern allerdings den sprichwörtlichen Beauty-Effekt (»Regen macht schön«). Tatsächlich wirkt gerade Nieselregen belebend auf die Gesichtshaut: weiches Wasser, kein Salzgehalt, idealer PH-Wert, dazu ein kühlender Effekt und eine bessere Durchblutung.

Sprühregen: Kleine, aufdringliche Tropfen – eine Attacke auf das Wohlbefinden. Sprühregen ist der Terrier unter den Regenarten. Springt einem ins Gesicht, schafft es unter jeden Schirm, findet jede Ritze. Nur rasche Bewegung und die dadurch erhöhte Körpertemperatur bieten ihm Paroli.

Sommerregen: Eher leichter, warmer Regen mit kleinen bis mittelgroßen Tropfen. Würde normalerweise als unangenehm empfunden, kann aber an heißen Tagen so wohltemperiert vom Himmel fallen, dass er als erfrischend durchgeht. In Kino und Fernsehen tritt warmer Regen oft als eine Art Glücksregen auf; seine Aufgabe ist es, das Einverstandensein des Universums mit einem Handlungsverlauf zu veranschaulichen, meist einer verbotenen Liebe.

Leichter Regen: Da kommt nicht viel runter, das aber kontinuierlich und so, dass man ernsthaft über Regenschutz nachdenkt. Nicht so dicht wie Nieselregen, aber zudringlicher als Mikroregen. Kann bis zu einem halben Liter Wasser pro Stunde auf einem Quadratmeter verteilen. Was dann schon irgendwie ein unangenehmes Gefühl von Nässe vermittelt.

Mittelstarker Regen: Stellen Sie sich vor, Sie stehen in einer geräumigen Dusche. Der Duschkopf über ihnen verteilt gleichmäßig Wasser auf der gesamten Grundfläche von einem Quadratmeter. Über eine Stunde hinweg kommen etwa ein bis vier Liter heraus. Das ist genug, um sich in dieser Stunde richtig mies zu fühlen, vor allem wenn Sie nackt in der Kabine stehen. Aber zu wenig, um richtig nass zu werden. (Bitte nicht ausprobieren!)

Starker Regen: Aus dem Duschkopf kommen jetzt bis zu zehn Liter pro Stunde. Das ist eine Ansage, aber natürlich kein Grund, eine Stunde unter der Dusche zu bleiben.

Bindfädenregen: Starker Regen mit mittelgroßen Tropfen, die sehr dicht herabkommen und deshalb besonders gut darin sind, Schwächen des Regenschutzes aufzuspüren. Garantiert findet dieser Regen – auch als Schnürlregen bezeichnet – Lücken und leckende Nähte. Bei andauerndem Bindfädenregen am besten zwei Schutzsysteme kombinieren, etwa einen weit ausladenden Schirm mit dem gut imprägnierten Regenanzug.

Landregen: Mittelstarker bis starker, sehr gleichmäßiger Regen, der mindestens einen halben Tag andauert – gern auch länger. Über ihn freuen sich nicht nur Landwirtinnen und Gärtner. Denn dieser Regen verändert die Landschaft: Er nimmt sich die Zeit, sie in Ruhe trinken zu lassen. Landregen ist ein Freund des Landes. Selbst im Sommer lässt er viel Feuchtigkeit in den ausgetrockneten Boden einsickern, bevor sie abfließen oder verdunsten kann. – Menschen hören das vielbeschriebene Aufatmen einer Landschaft im Landregen zwar nicht, können es aber spüren. Selten wird Landregen mit unangenehmen Gefühlen verknüpft, im Gegenteil: Er gilt als harmonisierend, denn er bringt natürliche Kreisläufe in Balance. Vorausgesetzt, er endet, bevor die Landschaft verschlammt und Flüsse über die Ufer treten, was in der Regel nach drei bis vier Tagen der Fall ist.

Schauer: Kurzer, meist mittelstarker oder starker Regen. Dauert in der Regel nicht länger als 20 bis 30 Minuten an. Nach dem Schauer kommt die Schauerpause, sonst war es kein Schauer. In den meisten Fällen sind Schauerwolken erkennbar, die über den Betrachter hinwegziehen. Deshalb bietet sich die Länge eines Schauers als Thema für ein Wetter- beziehungsweise Schauergespräch an. Dieses hat auf Fremde eine verbindende Wirkung, auf Paare bisweilen eine trennende. Kennzeichnend für ein Schauergespräch ist, dass es auf Spekulation und Wunschdenken beruht. Der Regenradar ist allerdings dabei, diese Art von Gesprächen zu untergraben, da er fast immer recht behält. Meteorologen messen die Stärke von Schauern übrigens an der Wassermenge, die in zehn Minuten herunterkommt. Ein sehr starker Schauer schafft stolze acht Liter pro Quadratmeter.

Wolkenbruch: Starker bis sehr starker Gewitterschauer, begleitet von sehr dunklen, gut sichtbaren Kumuluswolken sowie Blitz und Donner. Eindrückliches, in Romanen und Gedichten häufig beschriebenes Erlebnis.

Gewitterspurt

Wir sind fast da. Wir können die Häuser des winzigen Weilers schon sehen, eines davon ist unser Quartier für diese Gewitternacht. Vielleicht noch 500 Meter Gehstrecke. Aber wir können nicht hin, weil es um uns blitzt und kracht. Oder sollen wir es wagen und loslaufen?

Im Marschtempo sind wir auf unser Ziel für die Nacht zugegangen, fast gerannt, trotz der schweren Treckingrucksäcke, immer tiefer hinein in dieses enge Tal. Die Eile war nötig. Ein schweres Gewitter lag zuerst nur in der Luft, dann brach es hinter uns los, schließlich folgte es uns hinein in diesen Einschnitt. Jetzt ist es über uns, Blitz und Donner fallen fast ineinander. Wir stehen unter dem schmalen Dachvorsprung einer Heuhütte und wissen nicht weiter. Hat so ein Schober eigentlich einen Blitzableiter?

Es wird dunkel und wir kühlen rasch aus nach dem Gewaltmarsch vorher. Also: loslaufen, jetzt? Wir wissen nicht genau, wie gefährlich das ist, aber es fühlt sich wie eine existenzielle Entscheidung an. Nach dem nächsten Blitz rennen wir los, immerhin sind wir am Talboden, nicht auf einer Almwiese – aber dennoch auf freiem Feld. Hundert Meter, noch mal hundert Meter. Dann etwas Schutz, dann die letzte Freifläche. Es knallt noch zweimal, aber nicht da, wo wir sind. Dann haben wir das Vordach unserer Unterkunft erreicht, komplett durchnässt, aber ohne Schaden.

Wieder ein Blitz – aber schon wandelt sich der Blick, das Gewitter wird von der Bedrohung zum Naturschauspiel.

Kleine Regenkunde, Teil 2

Starkregen: Dieser Regen fällt nicht, er schlägt nieder. Wer sich keinen Schutz sucht, fühlt sich gezüchtigt. Starkregen bringt schwere Tropfen, die als kompakte Masse herabkommen. Terrassenabflüsse und Gullys sind in Mitteleuropa (zu schweigen von Südeuropa) meist nicht für Starkregen genormt, deshalb bilden sich rasch Überschwemmungen. Gefühlter Ausnahmezustand.

Platzregen: Starkregen, der nur in einem kleinen Gebiet niedergeht.

Sturzregen: Starkregen mit heftigen Böen, ein Regensturm. Wind und Wasser pöbeln alle, die sich nicht rechtzeitig verstecken, im Stil von muskulösen Gangsta-Rappern an. Polizeinotruf 110 hilft nicht. Schutz suchen!

Sintflutartiger Regen: Eine Mischung aus starkem Dauerregen und gelegentlichem Sturzregen, die über Tage oder Wochen andauert. Führt bereits nach wenigen Stunden zu Katastrophenstimmung. Diese ist religiös-kulturell vorgeprägt und geht womöglich auf die historische Überschwemmung der heutigen Schwarzmeer-Region im 7. Jahrtausend vor Christus zurück. Rechtzeitig überlegen, wen man mit auf die Arche nimmt.

Schneeregen: Ein extrem vielfältiges, ästhetisch höchst anspruchsvolles Phänomen. Von Regenunkundigen leichtfertig abgetan als »Nichts Halbes, nichts Ganzes« oder »Weder Fisch noch Fleisch«. Tatsächlich hat gerade das Zwitterwesen Schneeregen Ausdrucksmöglichkeiten, von denen andere Regenarten nur träumen können: von Regentropfen, in denen winzige Eiskerne sichtbar sind, bis zu haselnussgroßen, auskristallisierenden Schneeflocken, die im Moment der Bodenberührung zerfließen. Wenn Sie sich im Schreiben von Naturgedichten und japanischen Haikus üben möchten, schreiben Sie über Schneeregen.

Nassschnee: Der kalte Bruder des Schneeregens. Eigentlich schon Schnee, aber doch so feucht, dass er auf der Kleidung sofort schmilzt. Bitte weiterlesen bei: Schnee.

Eisregen: Auch als überfrierender Regen und Blitzeis bekannt; der hinterhältigste und gewalttätigste aller Regen. Ein Straßenräuber und Bösewicht. Lässt Straßen und Wege in wenigen Minuten zu gefährlichen Eispisten werden, um sich an Unfällen, Stürzen und Knochenbrüchen zu ergötzen. Anders als viele menschliche Übeltäter hatte der Eisregen keine schlimme Kindheit. Er begann sein kurzes Leben als ganz normaler Regen in einer Wolke. Allerdings wurde ihm in seiner Jugend, auf dem Weg zur Erde, keine Wärme zuteil. Am Ende gerät er in schlechte Gesellschaft: Der eiskalte Boden lässt ihn beim Aufkommen gefrieren. Schuld ist also der Boden, nicht der Regen, aber das hilft auch nicht bei Bremsversuchen auf spiegelglatter Straße.

Griesel: Feiner Niederschlag aus winzigen, oft länglichen Eiskörnchen, die kleiner als ein Millimeter sind. Fällt nur in der kalten Jahreszeit, oft bei Temperaturen um die null Grad, und sieht aus wie Schnee, da er die Landschaft als weißer Staub überzieht. Ist aber keiner. Denn Schnee bildet sich nicht in der niedrigeren Stratus-Wolkenschicht wie Griesel, sondern in den höheren Kumuluswolken.

Graupel: Griesel, dessen Partikel größer sind als ein Millimeter und kleiner als fünf Millimeter. Eine gewisse Ähnlichkeit zu kleinen Hagelkörnern ist nicht zu leugnen, allerdings haben sie eine geringere Dichte. Deshalb fallen sie deutlich langsamer als Hagelkörner und lösen beim Menschen kein Gefühl von Gefahr aus.

Hagel: Fällt überwiegend in den wärmeren Jahreszeiten in Form von Eiskörnern, die größer sind als fünf Millimeter. Gibt Mensch und Tier allen Grund, sich vor ihm zu verstecken. Da Hagel in Gewitterwolken entsteht und seine Körner in unseren

Breiten bis fünf Zentimeter dick werden, ist Vorsicht angebracht. Vor dem Hagel nicht verstecken können sich Autos und Dächer, die deshalb oft schwer verunstaltet und beschädigt werden – Hagelschauer fühlen sich an wie der plötzliche Ansturm der Hunnen auf ein zivilisiertes Wettergeschehen. Die Energie und die Attitüde eines Hagelschauers können allerdings eine hohe Faszination ausüben. Starker Hagel wird über Jahrzehnte hinweg bildreich erinnert. Auch von Autodächern.

Schnee: Ist – genau wie Griesel, Graupel und Hagel – kein Regen und mit diesem nur bedingt verwandt. Sie alle zählen zu den festen Niederschlägen, Regen zu den flüssigen. Ungeachtet dessen kann sich auch Schnee, der nicht als Schneeregen (also Mischung aus Schnee und Regen) fällt, dennoch wie Regen anfühlen. Das gilt besonders für relativ nassen und nicht allzu kalten Schnee. Er sorgt damit für ein Nässegefühl, das dem von Regen in nichts nachsteht. Was uns daran erinnert, dass sich Schnee genau wie Regen in den Wolken bildet, nämlich durch Zusammenballung winziger Tröpfen und Andocken an einen Kristallisationskeim. Der Unterschied liegt nur in der Temperatur: Schnee ist deutlich kälter, wenn er kristallisiert und zu fallen beginnt, nämlich kälter als –12 Grad.

Schneenebel

Der Schnee, der gestern abend gefallen ist, hat sich in der Adresse geirrt. Er hätte eigentlich in kälteren Regionen herabkommmen sollen, hat sich aber eine Gegend mit drei bis fünf Grad plus ausgesucht. Vor dem Schmelzen hat es gerade noch bis zur Erde gereicht. Aber wenn man den Schnee mit der Hand aufnimmt, beginnt er sofort zu tropfen.

In der Nacht sah alles tiefverschneit aus, am Morgen ist die Landschaft komplett vernebelt. Der Schnee taut und verdunstet im Eiltempo. So kann die viele Feuchtigkeit sich bald noch einmal einen neuen Weg zur Erde suchen, dann wahrscheinlich als Regen.

Die Form der Tropfen

Achtung, jetzt tut's weh. Sie werden etwas verlieren, das Ihnen vielleicht am Herzen liegt: den Regentropfen, so wie wir alle ihn uns vorstellen. Dieser Regentropfen hat in der westlichen Kultur nämlich folgende Form: Er ist unten rund und oben spitz. Das hat wenig mit der Wirklichkeit zu tun und viel mit dem Tropfen, den wir am Wasserhahn beobachten können. Der hat, wenn er sich löst, so ein lustiges Spitzhütchen auf.

Am Anfang, wenn sie beginnen, aus der Wolke zu fallen, haben Regentropfen tatsächlich eine echte Kugelform (allerdings ohne die kecke Mütze). Die ganz kleinen Tropfen mit weniger als einem Millimeter Durchmesser behalten diese Form. Die größeren verformen sich durch den Luftwiderstand. Er lässt sie breiter und unten flacher werden – was dann einem Hefeteig nach dem Kneten ähnelt.

Bei den noch größeren Tropfen (größer als zwei Millimeter im Durchmesser) bildet sich unten in der Mitte eine Delle, was entfernt an einen Fallschirm oder die Haube eines Champignons erinnert. Die ganz großen Tropfen (größer als fünf Millimeter) platzen in der Mitte auf und bilden zwei neue. Weshalb der größte jemals gefilmte und vermessene Regentropfen gerade einmal sechs Millimeter maß – und wahrscheinlich im nächsten Moment zerplatzte.

Und warum solche Verrenkungen? Aus der Form ergibt sich die Fallgeschwindigkeit, und die Natur hat es so eingerichtet, dass diese relativ konstant bleibt. Ein runder Tropfen würde schneller fallen als ein Tropfen mit Fallschirm-Form. Das kommt uns Erdbewohnern sehr zugute, denn noch wurde niemand von einem einzelnen Regentropfen verletzt, der extrem schnell auf seine Haut traf.

Die Tropfengeschwindigkeit zu berechnen, erfordert übrigens zahlreiche Messdaten und ein Grundstudium der Mathematik. Soviel lässt sich sagen: Ein kleiner Tropfen (ein Millimeter Durchmesser) fällt mit etwa 20 Stundenkilometern zur Erde. Ein etwas größerer Tropfen fällt ein wenig schneller, ein noch größerer wieder langsamer – weil der Fallschirm ihn bremst.

Tropfen auf der Fensterscheibe

Es hat die ganze Zeit geregnet, aber solange ich draußen im starken Wind war, habe ich die feinen Tropfen kaum gespürt. Zu Hause sehe ich sie winzig und dicht auf den Fensterscheiben sitzen. Wie eine Milchglasfolie sorgen sie dafür, dass alles Draußen verschwimmt. Selbst der Wind bewegt die Tropfen nicht, sie laufen nicht ab, sie scheinen festzukleben.

Ich zähle und messe: Pro Quadratzentimeter sind es im Durchschnitt sechs Tropfen mit einem Durchmesser von 0,5 bis vier Millimeter. Das wären 60.000 Tropfen pro Quadratmeter Fensterscheibe. Klingt ein bisschen viel. Und richtig, es gibt Zonen mit weniger Tröpfchen; es gibt Rinnen, durch die dann doch mal ein Tropfen nach unten gelaufen ist und dabei andere mitgezogen hat. Am Ende werden es nur 20.000 oder 30.000 Tröpfchen sein. Nur?

Während ich mein Rechenspiel betreibe, wird es dunkler und die Lichter von draußen wirken heller, solange ich drinnen kein Licht mache. Die Tröpf-

72

chen brechen die Farben von draußen in Hunderte grell leuchtender Punkte auf: das Rot eines Fahrradrücklichts, das Gelb einer Laterne, das Türkis des Schwimmbadwassers gegenüber. Was für ein Lichterspiel! Das Fenster wird für mich zum Guckloch eines Kaleidoskops, in dem sich die Welt immer neu zusammensetzt.

Zwischen Himmel und Erde

Über Jahrtausende hinweg blieben Regenbogen den Menschen ein Rätsel. Das sich am Himmel wölbende Licht fiel aus jedem Rahmen – so sehr, dass die Erklärung eigentlich nur eine überirdische sein konnte: In vielen Religionen steht der Regenbogen für eine Brücke zwischen Erde und Himmel, Menschen und Göttern.

Seit Isaac Newton 1676 mit einem Prisma experimentierte, können wir uns das Phänomen erklären, aber der Zauber bleibt. Wir streiten nicht mehr über die Zahl der Regenbogen-Farben, sondern können nachschlagen, dass es sieben sind: Rot, Orange, Gelb, Grün, Blau, Indigo und Violett. Wir erinnern uns, dass Regenbögen etwas mit dem Sonnenlicht zu tun haben. Dennoch greift es zu kurz, sie ausschließlich als einen physikalischen Vorgang anzusehen.

Selbst die naturwissenschaftliche Erklärung lässt den Regenbogen als wundervolles Phänomen aufleuchten. Zum Beispiel kann von »dem« Regenbogen dem einen, den alle sehen können – nicht die Rede sein. Es gibt so viele Regenbögen, wie es Betrachter gibt: Jede und jeder sieht einen anderen. In jedem Auge entsteht ein anderes Bild.

Ich sehe mir genauer an, was der Regen mit dem Sonnenlicht macht. Ein Lichtstrahl tritt in den Regentropfen ein, wird dabei gebrochen und in die sieben Spektralfarben aufgespalten. Beim Austritt aus dem Tropfen, an der Rückwand sozusagen, werden die farbigen Strahlen dann gespiegelt und zwar in einem Winkel von 42 Grad.

Das kann ich mir schlecht merken, muss ich auch nicht. Was wichtig ist: Damit wir einen Regenbogen sehen können, muss die Sonne hinter uns stehen, und zwar eher niedrig am Himmel. Das ist zwischen September und April häufiger der Fall als in den sehr hellen Monaten. Im Sommerhalbjahr taucht ein Regenbogen eher morgens oder abends auf, sicher nicht zur Mittagszeit.

Das alles und viel mehr kann man über den Regenbogen lernen – aber bei den meisten Menschen liegt trotzdem ein verklärtes Leuchten auf den Gesichtern, wenn plötzlich einer am Himmel steht. Die naturwissenschaftliche Erklärung ist das eine – Symbolkraft und Schönheit eines Regenbogens sind das andere. Selbst der oft skeptische Philosoph Friedrich Nietzsche konnte ihm etwas abgewinnen: »Die Hoffnung ist der Regenbogen über dem herabstürzenden Bach des Lebens.«

Im ausklingenden 20. Jahrhundert stellten die New Age- und die Umweltbewegung sich unter das Zeichen des Regenbogens. Bis heute ist er ein mächtiges Bild für jene Harmonie zwischen Mensch und Natur, nach der viele sich sehnen.

Regenbogen

Die Vorhersage: tagsüber zwei bis vier Grad, Regenwahrscheinlichkeit 90 Prozent, Nordwestwind Stärke vier, böig. Ist das der richtige Tag, um sich hinaus in die weite Elblandschaft zu wagen, wo man an vielen Stellen nicht einmal einen Baum als Schutz hat? Wir sind die einzigen, die in Wanderklamotten aus dem Regionalzug steigen, dick eingepackt, mit Mützen und Handschuhen. Es ist Karsamstag, Regen hängt in der Luft, die Kälte schneidet.

Schwere Wolken treiben übers Land, an ihrer Unterseite dunkelgrau, oben hellweiß. Jenseits der Felder, die wir queren, sehen wir Regenschwaden niedersinken. Aber daneben und dazwischen: blaue Flecken am Himmel. Ein matter Schatten verfolgt meinem Begleiter. Warm wird uns nicht von dem bisschen Sonne, aber vielleicht wird das hier doch keine Regenschlacht.

Wir stehen auf einer Düne mit weitem Blick über die Elbe. Hunderte Vögel lassen sich auf einer Wiese nieder. Wir bleiben, verlieren unser Gefühl für die Zeit im Spektakel der an- und abfliegenden Wildgänse und Störche. Hier ticken die Uhren anders.

Als wir durch ein Dorf wandern, kommt wie aus dem Nichts eine Wolkenfront heran, ein heftiger Schauer geht nieder. An einem Baum finden wir eine Standfläche unter ausladenden Ästen. Der breite Stamm neigt sich gnädig über uns. Wir rechnen mit zwanzig Minuten Wartezeit und hören dem Regen zu. Nach zehn Minuten verändert sich das Geräusch. Auf der nassen Dorfstraße brechen sich Lichtreflexe. Der Regen weht wie ein weiter Umhang hinter der Wolkenfront her, die längst nach Osten abgezogen ist. Was jetzt noch runterkommt, bläst der starke Wind sofort weg.

Wolken jagen dahin, wir lehnen uns im Gehen gegen den Wind, die immer tiefer stehende Sonne im Gesicht. Mit der Zeit geraten wir in eine Art Geh-Trance. Weit schwingt sich der Weg hinaus ins Elbvorland. Wir können bald nicht mehr auf dem Deich gehen, der Wind ist zu stark. Suchen vergeblich Schutz auf der einen, dann der anderen Deichseite.

Mit Regen rechnen wir nicht mehr, bis plötzlich das Licht ausgeht und wir uns von jetzt auf gleich in einem heftigen Hagelschauer befinden. Wir haben die

Gewitterwolke nicht einmal kommen sehen, obwohl wir direkt darauf zugingen. Bleibt nur der Spurt zu einem nahe gelegenen Uferwäldchen. Wir hocken uns unter unsere Regencapes und lassen die Hagelkörner abprallen.

Keine fünf Minuten später wird es plötzlich wieder licht. Der Schauer galoppiert weiter. Wir treten aus dem Wäldchen heraus und stehen vor einem prächtigen Regenbogen. Er überspannt den großen Strom von einem Ufer zum anderen. Unter ihm leuchtet der Himmel hell, über ihm ist es stockdunkel – der Bogen scheint die Wolken zu tragen. Ganz oben schimmert ein zweiter Regenbogen.

Wir stehen benommen, können aber nicht lange bleiben, es ist zu kalt hier im Wind. Also weiter, gegen den Sturm, der jetzt den Rauch der ersten Osterfeuer zu uns trägt. Ich denke an einen Abendspaziergang an der Westküste Irlands. Ein Dunst lag in der Luft, Millionen schwebender Wasser-Moleküle, zu unsichtbaren Tröpfchen verbunden, sanken langsam auf die Steilküste nieder. Die Luft war der Regen, ich atmete ihn ein und schaute über mintgrüne Wiesen – bis sich das Licht kaum merklich veränderte und ich mich irritiert umdrehte. Im Südosten wölbten sich zwei vollständige Regenbögen, beide strahlend klar. Ich stand und schaute, minutenlang, andächtig. Bis die Sonne hinter mir im Meeresdunst verging und die Farben verblassten, verschwanden.

Immer am Deich entlang geht unser Weg im Hier und Jetzt, in den Wind hinein, der Abendsonne entgegen, auf der Flucht vor der eigenen Erschöpfung. Erfüllt von einem Tag zwischen Himmel und Erde.

Der Luxus einer Wetterprognose

Wie oft schauen Sie auf die Wetter-App? Wie oft hören oder sehen Sie den Wetterbericht? Ich gestehe, mich beschleicht ein Gefühl der Desorientierung, wenn ich tagelang nicht mehr reingeschaut und reingehört habe. Morgens spitze ich die Ohren, wenn es im Radio um die Wetterlage geht. Will ich demnächst für einen längeren Zeitraum rausgehen, sucht meine Hand unwillkürlich nach dem Smartphone. Lieber mal nachsehen, was mich erwartet: Welche Temperaturen angesagt sind, was ich dabeihaben sollte. Könnte ja sein, dass ich mich gerade völlig verschätze. So wenig, wie ich mich von Wettervorhersagen abhängig machen möchte, so ungern möchte ich auf ihre Unterstützung verzichten.

Vor gerade einmal 75 Jahren gab es keine Wettervorhersage, wie wir sie für selbstverständlich halten. Einige besonders Wetterinteressierte hatten ein Außenthermometer, ein Barometer an der Küchenwand, vielleicht sogar einen Regensammler im Garten. Sie konnten mit viel Erfahrung ihre eigene Wettervorhersage zusammenbauen. Auch gab es damals Sturmvorhersagen für Seefahrer. Aber Radio und Zeitung, die dominanten Medien, schwiegen sich über detaillierte Angaben zum künftigen Alltagswetter an Land weitgehend aus. Wissenschaftlich gestützte Berechnungen über das Wetter von morgen und übermorgen bekam die Allgemeinheit nicht präsentiert.

Die ersten Wetterberichte, wie wir sie kennen, gingen 1949 in der BBC, 1950 in den USA und 1951 beim damaligen Nordwestdeutschen Rundfunk auf Sendung. Bis dahin war es ein langer Weg mit vielen Rückschlägen. Zuerst brauchte es Daten. Bis Ende des 18. Jahrhunderts gab es keine größeren Datenmengen über Wetterphänomene. Erst als engagierte Wetterforscher in Großbritannien ein System von Messstationen aufbauten und man sich auf standardisierte Bezeichnungen einigte (etwa für Wolken) kamen nennenswerte Datenmengen zusammen. Erstmals konnte man so etwas wie eine Wetterkarte zeichnen – für die Vergangenheit.

Aber wie konnten die Daten so schnell zu den Sammelstellen und von dort in die Öffentlichkeit gelangen, dass eine herannahende Sturmfront erkannt und weiterberichtet werden konnte, noch bevor die ersten Bäume umfielen. Solange es kein Telegrafennetz gab, gelangten die Informationen nicht früh genug von Freiburg nach Stuttgart, um dort ein Gewitter anzukündigen. Erst Mitte des 19. Jahrhunderts konnten Telegrafenämter schneller kommunizieren als Wolken ziehen. So gelang es der Londoner Times ab 1861, einen sehr einfachen Wetterbericht zu veröffentlichen, der erste Hinweise auf die nächsten Stunden zuließ.

Die dritte Hürde war die höchste. Es vergingen noch einmal fast 90 Jahre, bis der Amerikaner Jule Gregory Charney sie 1949 überwand. Es fehlten nämlich die Gleichungen und Rechenmodelle, vor allem aber die Rechenkapazität, um Klimadaten wirkungsvoll aufzuarbeiten und in die Zukunft fortzuschreiben. Charney unterteilte das komplexe Geschehen in der Atmosphäre so, dass es für die damals verfügbaren Rechenmaschinen handhabbar wurde. Sein Zwei-Schichten-Modell schuf ein Netz von so genannten Boxen rund um die Erde, für die Wetterdaten jeweils gesondert berechnet wurden. Das konnten die frühen Computer schaffen.

Nun ließ sich erstaunlich genau vorhersagen, wo ein Tief am nächsten Tag stehen würde, wie stark der Wind aus welcher Richtung wehen und wieviel Millimeter Regen fallen würden. Plötzlich wurden präzise Prognosekarten möglich – mit Abkürzungen wie H und T (für Hoch und Tief), mit Wolkensymbolen, unter denen Regentropfen-Symbole schwebten. Mit Blitzen und gezackten Linien für Frontensysteme. Mit quer verlaufenden Wellenlinien für Nebel.

Die Bilder fanden ihren Weg in die Köpfe der Menschen. Heute lassen wir uns ohne großes Nachdenken von ihnen durch den Alltag steuern.

Das Delta auf dem Weg

Der Juni geht mit starkem Regen zu Ende. Unangenehm ist mir aber nicht das Wasser vom Himmel, es sind die dicken Tropfen, die sich oben im Baum an Blättern und Zweigen sammeln und dann als kleine Kältebomben auf meinen Nacken fallen.

Schnecken fräsen sich durch den aufgeweichten Sand. Als ich bergauf gehe, sehe ich die Spuren eines kräftigen Wasserstroms, der heute früh hinabgeschossen sein muss. Er hat die quer eingefügte Metallrinne, die das Wasser in den Graben führen soll, überspült und feine Adern im Sand gebildet – grazile Muster, die sich aufspreizen und wieder zusammenziehen wie das Ganges-Delta auf einem Satellitenbild. So haben sich die Wegebauer das sicher nicht gedacht, ich aber bin beeindruckt von Kraft und Kunst des Regens.

Es wird wieder dunkler, der Wind fährt in ein Erlenwäldchen und wirft mir ab und zu eine Handvoll Tropfen ins Gesicht. Ich verlasse den Schutz des Waldes mit einem mulmigen Gefühl, gehe aufs Feld hinaus. Der Himmel macht jetzt auf Wagner-Ouvertüre – dräuend, zerrissen, gewaltig. Wolken über Wolken, oben geschichtet, darunter zerfetzte Bäuche. Ein düsterer Zauber liegt über der Szenerie.

Stadt ist Schutz. Ich genieße es, wieder zwischen Häuser zu gelangen, die den Wind bremsen. In den Küchen brennt Licht, obwohl es noch taghell ist. Eine Fußgängertreppe ist übersät mit kleinen Ästen, die der Wind aus den Bäumen gezaust hat. In der Ferne erahne ich den beginnenden Sonnenuntergang, einzelne Strahlen verfangen sich im Regendunst.

Grüße von Kyrill

Es klingt nach einer genialen Marketing-Idee, aber das war es nicht. Hochs und Tiefs menschliche Vornamen zu geben mag wesentlich zur Popularisierung der Wetterkunde beigetragen haben, aber es sollte ursprünglich allein der Wissenschaft dienen. 1954 begann das Institut für Meteorologie der Freien Universität Berlin mit der Namensvergabe (ob es Vorbilder im Ausland gab, ist nicht überliefert). Die Forscher wollten sich quer durch Deutschland leicht und sicher mit ihren Kollegen verständigen. Statt von dem »Tief über der Normandie« zu sprechen, sollte es künftig um Heidi gehen. Oder um Klaus, wenn es sich um ein Hoch handelte. Welcher Chauvi auf die Idee kam, Tiefs mit Frauennamen, Hochs mit Männernamen zu belegen, weiß keiner mehr.

Die Berliner Meteorologen entwickelten eine alphabetisch geordnete Liste mit rund 300 Vornamen. Jedes Hoch- und Tiefdruckgebiet, das dann für Deutschland wichtig wurde, erhielt der Reihe nach einen dieser Namen, bis die Liste zu Ende war. Dann ging es wieder von vorn los. Von all dem nahm die Öffentlichkeit lange Zeit keine Notiz. Als aber Ende der neunziger Jahre die Orkantiefs »Vivian« und »Wiebcke« übers Land zogen, begannen die Medien sich für die Sache mit den Vornamen zu interessieren. 1998 erhob sich eine Diskussion zum Thema Diskriminierung. Die Wetterdienste ließen sich nicht lange bitten und beschlossen, dass fortan in geraden Jahren die Hochs männliche, die Tiefs weibliche Namen tragen sollten (wie zuvor), in ungeraden Jahren aber gewechselt wird. Sie hatten die Marketing-Wirkung ihrer Namensvergabe inzwischen verstanden. So konnte 2007 »Kyrill« in die kollektive Erinnerung vordringen – jener schwere Sturm, der Millionen Bäume fällte. Und so kommen Hochs und Tiefs heute daher wie alte Freunde, an deren Namen man sich dunkel erinnert.

Seit einigen Jahren kann man übrigens Vornamen kaufen. Etwas beschönigend heißt das: »Wetterpate werden«. Ein Hoch kostet um die 350 Euro, Tiefs gibt es für unter 250. Jedes Jahr ab September kann man sich als Wetterpate melden. Eine Initiative hat kürzlich 14 Wetterpatenschaften erstanden, damit auch Namen von Menschen mit Migrationshintergrund am Himmel auftauchen. Ich freue mich über die neue Vielfalt am Himmel.

Morgenrot

Der Wetterwandel hat sich schon gestern angekündigt. Nachmittags legte sich Dunst über den blauen Winterhimmel. Am Morgen dann ein ungewöhnliches Licht über der Stadt. Ich schaue nach Westen aus dem Fenster und sehe bläulich-violette Wolken. Woher das Violett? Neugierig wandere ich durch die Wohnung. Die Lösung findet sich im Südosten: Dort sendet die aufgehende Sonne ihr Licht schräg von unten in eine dicke Wolkenschicht hinein. Die erglüht in Altrosa, nach unten flockt rote Watte aus.

»Morgenrot, schlecht Wetter droht.« An der Bauernregel ist etwas dran. Wenn das Licht der aufgehenden Sonne sozusagen quer durch die Erdatmosphäre zu uns findet und dabei auf viele Wolken trifft, dann filtern diese einige Wellenlängen heraus. In der Regel sind das die blauen Anteile, im Morgenrot dominieren dann Rot und Gelb. – Unter meinem flammenden Himmel steigt Schornsteinrauch in unruhigen Kreisbewegungen auf. Bald wird es regnen, denke ich, liege aber falsch. Am Nachmittag setzt bei Temperaturen knapp über null ein lang anhaltender, dichter Schneeschauer ein. Er überzuckert die Landschaft und verschluckt bald das letzte Tageslicht.

Regen-Rifen

Lurche sind Amphibien, sie leben meist an Land, sind aber auch für das Leben im Wasser ausgestattet. Menschen können zwar schwimmen, aber nicht dauerhaft im Wasser leben. Eine winzige Ähnlichkeit zu den Amphibien gibt es aber doch. Unser Körper passt sich unwillkürlich an, wenn wir uns in einer nassen Umgebung aufhalten. Dass das so ist, hat mit Regen zu tun.

Die Rede ist von Regen-Rifen. Wenn wir nach dem Schwimmen oder Baden aus dem Wasser steigen, sind unsere Fingerkuppen wellig geworden. Die Haut sieht aufgeweicht aus und man könnte meinen, bei langem Aufenthalt im Wasser würde sie sich ablösen. Was aber nicht passiert. Forscher haben herausgefunden, dass die wellige Haut ein Souvenir aus jener Zeit ist, als sich Primaten, unsere Vorläufer, häufig in sehr regenreichen, feuchten Umgebungen bewegten. Die feinen Rillen und Wellen auf Fingern und Zehen halfen ihnen dabei, Halt auf glitschigem Untergrund zu finden.

Bis zu dieser Erkenntnis war es ein langer, umständlicher Weg. Der amerikanische Neurobiologe Mark Changizi stieß 2008 eher nebenbei auf Berichte aus den 1930er Jahren, die besagten, dass bei Patienten, deren Armnerven zerstört waren, keine solchen Schrumpeleffekte an den Fingern mehr auftraten. Daraus folgte: Es ist nicht das Wasser, etwa in einem Schwimmbad, das die Haut schrumpeln lässt. Es ist das zentrale Nervensystem, das die nasse Umgebung wahrnimmt und die Fingerkuppen automatisiert anweist, sich zusammenzuziehen.

Aber welche nasse Umgebung war es, in der unsere Vorfahren sich bewegten. Und was genau sollten die Schrumpelfinger dabei bewirken. Changizi vermutete bereits, dass es um Regen ging, und fragte einen seiner Studenten, Romann Weber, was er als Sinn hinter dieser Sache vermuten würde. Seine Antwort: »Regen-Profile?« Weber dachte an Autoreifen, deren Rillen für das sichere Fahren im Regen optimiert sind. Und in der Tat, unter dem Vergrößerungsglas sehen unsere Schrumpelfinger aus wie Ablaufrinnen, das Wasser kann durch sie rascher abfließen. Die Kanten dieser Rinnen geben unter Druck nach, das Wasser unter unseren Fingerkuppen wird nach außen gedrückt.

Sie können das leicht überprüfen. Gehen Sie im Schwimmbad gleich nach der Ankunft mit nackten Füßen über glitschigen Boden. – Machen Sie das gleiche noch einmal nach 15 Minuten im Wasser, wenn sich die Schrumpelhaut gebildet hat. Gut möglich, dass Sie sich dann sicher bewegen, ohne auszurutschen – ein bisschen wie ein Lurch.

Aquaplaning

Unruhiges Wetter Ende Juni, ausgerechnet zu Ferienbeginn. Ein Schwerer Regen fällt auf die Autobahn. Widerwillig fügt sich der Verkehrsstrom den Wassermengen. Einige merken rasch, dass gerade eine Ausnahmesituation entsteht, andere schießen weiter in eine Wasserwand, hinter der schemenhaft rote Bremslichter glänzen. Nach einer gefährlichen Minute haben es auch die Eiligen begriffen: Es geht jetzt nur langsam voran, immer langsamer, noch langsamer – die ersten fahren unter einer Brücke rechts ran.

Auch ich bin zuerst erstaunt, dann genervt, wie jedes Mal, wenn höhere Gewalt in meine Pläne grätscht. Erst mal muss ich mit dem Regen hadern. So ein Wassersturm passt mir nicht, ich habe keine Zeit fürs Schleichen und keine Lust auf Aquaplaning.

Der Gedanke daran, dass Aquaplaning einmal etwas Neues und irgendwie Schickes war, heitert mich auf. In den siebziger Jahren wurde das Phänomen bekannt – die ahnungslosen Autofahrer erfuhren, dass eine geschlossene Wasserdecke auf der Fahrbahn ihren Autoreifen jeden Halt rauben kann. Die Reifen schwimmen auf, und das endet meist böse. Dagegen ist übrigens auch mit ABS, ESP und Co. bisher kein Kraut gewachsen. Starker Regen fördert Aquaplaning und das kann Leben kosten. Trotzdem hört man das Wort kaum noch.

Inzwischen habe ich auf der rechten Spur den größtmöglichen Abstand nach vorn und hinten gesucht und spähe bei Tempo 50 hochkonzentriert durch die rasch klackernden Scheibenwischer. Der Regen ist stärker als jeder Motor. Jetzt fühlt es sich fast gut an, sich seiner Macht zu beugen, die katastrophale Sicht und die Rutschgefahr zu akzeptieren.

Die Windschutzscheibe ist gerade eine Regenschutzscheibe. Das harte Klacken der Tausend Tropfen auf ihr flößt mir Respekt ein. Wie in der Waschanlage fühlt sich das an, wenn die Riesenbürsten Wasser auf die Fenster schleudern und eine Stimme tief im Hinterkopf fragt, ob man denn auch diesmal wieder heil aus der Sache rauskommen werde. In diesem Sturzregen scheint es mir, dass alle fünf Sekunden ein Eimer Wasser gegen die Scheibe gekippt wird. Mitten im technisierten, geschützten Alltag ist das eine kleine Erinnerung an Urzeiten: Noch bis vor wenigen Jahrzehnten blieb den Menschen bei solchem Wetter nichts, als Schutz zu suchen. Wir können weiterfahren.

Nach 20 Minuten ist der Spuk vorbei. Erstaunlich, wie schnell das Wasser abläuft. Erstaunlich, wie lokal begrenzt der Megaschauer war. Bald fließt der Verkehr wieder normal, plötzlich ist die Fahrbahn trocken. Zurück bleibt eine fast romantische Erinnerung an ein schweres Wetter.

Cabrio fahren bei Regen

Möchten Sie gern mal Cabrio fahren? Da nicken die meisten Menschen frohgemut und denken an eine Küstenstraße bei Sonnenschein, sanfter Seitenwind in den Kurven: automobile Wellness.

Möchten Sie gern mal bei Regen Cabrio fahren? Keine schöne Vorstellung. Intuitiv zieht man die Schultern ein. Autobahn, Stop and go, Sturzregen – und das Verdeck lässt sich gerade nicht schließen. Das möchte niemand erleben.

Aus genau diesem Grund hat mich Cabriofahren nie interessiert. Ich kannte einen Fotoreporter mit einem schicken Cabrio, der durch die Kleinstädte des Ruhrpotts brauste wie in einem Film von Pasolini oder Visconti. Wie ein Filmstar trat er auch auf. Er hatte jede Menge Ärger mit seinem alten Triumph und alle paar Wochen wurde er komplett nass, weil das Verdeck klemmte.

Später rettete mich ein Cabriopilot beim Trampen auf einer schmalen englischen Landstraße. Ich bin ihm zu ewigem Dank verpflichtet, denn es regnete wie aus Kannen, aber nie wieder habe ich so eng in einem Auto gesessen: auf dem winzigen Rücksitz, die Knie vor der Brust; unter einem zugigen Verdeck, durch das es mir auf die Schulter tropfte; dicht gedrängt an meinen klatschnassen Rucksack. Automobiles Survivaltraining.

Regen und Cabrio – ein schwieriges Thema. Dachte ich. Bis ich das Zauberwort hörte. Es lautet: Neigungswinkel. Gemeint ist die Neigung der Windschutzscheibe, sie leitet den von vorn kommenden Fahrtwind nach oben. An der oberen Kante der Scheibe bilden sich Verwirbelungen. Je stärker die Wirbel, desto höher werden Regentropfen, die der Wind mit sich führt, in die Luft geworfen – über die Insassen des Cabrios hinweg, sodass diese trocken bleiben. Steht die Windschutzscheibe steil in der Luft, sind die Wirbel stark und die Wahrscheinlichkeit, dass die Insassen Regentropfen abbekommen, sinkt. Neigt die Scheibe sich aber zu den Insassen hin – was deutlich sportlicher aussieht –, dann bilden sich weniger und kleinere Wirbel, der Regen fliegt flach weiter und trifft mit größerer Wahrscheinlichkeit die Insassen.

Sie ahnen schon, dass es in dieser physikalischen Gleichung noch einen wichtigen Faktor gibt: das Tempo. Je schneller das Auto fährt, desto größer die Verwirbelungen, desto trockener bleiben Fahrerin und Beifahrer. Achten Sie bei Sommerregen als Fußgänger also immer sehr genau auf Cabriolets, denn es könnte sein, dass diese schnell fahren. Wie schnell man unterwegs sein muss, damit der Fahrer trocken bleibt, dazu schwanken die Angaben: zwischen Tempo 80 und 140.

ICE bei Regen

Eine Zugfahrt unter dunklen Wolken, von Basel nach Hamburg, einmal längs durch Deutschland. Zuerst gleißt das Nachmittagslicht, dann schiebt sich der ICE unter schwere, flächige Wolken, aus denen hier und da Regen quillt.

Die Tropfen bilden Schlieren, die sich ab Tempo 230 quer über die breiten Abteilfenster ziehen. Wenn ein Regenloch kommt und ich kurz wegsehe, hat der 20 Grad warme Fahrtwind die Scheibe schon getrocknet. Aber auf den Feldwegen glänzen noch Pfützen, ein nasses Teersträßchen windet sich als schwarzes Band am Maisfeld entlang. Ich habe das Gefühl, in geringer Höhe über eine glitzernde, von innen schimmernde Landschaft zu fliegen.

Bald darauf gleitet der Zug durch einen dünnen Dunst, der Baumreihen und Hecken wie im Scherenschnitt hervortreten lässt. Da sich meine Perspektive in Windeseile verändert, verschieben sich auch die Hecken gegeneinander wie bewegliche Theaterkulissen. Nur die Windräder in der Ferne stehen fest; unbehelligt schneiden ihre Rotorblätter durch die feuchte Abendluft.

Künstlicher Regen

Regen ist nicht nur ein Geschenk der Natur, sondern auch eine Kunst, ein Handwerk, eine Industrie. In jedem besseren Hotelzimmer ist eine Sprinkleranlage installiert, die im Brandfall Wasser gleichmäßig versprühen soll. Auf viele größere Rasenflächen stellt jemand bei Trockenheit Rasensprenger. Im Sommer, teilweise schon im Frühjahr, sieht man auf dem Land deren große Brüder, Beregnungsmaschinen, die mit starkem Druck das Wasser 20 Meter weit verspritzen.

Die Könige unter den Regentechnikern sind die Filmleute. Regisseure, die Regen als Stilmittel lieben – wie Woody Allen oder Frank Capra – engagieren hochspezialisierte Dienstleister. Die Regenmacher können Tropfen erzeugen, die deutlich größer sind als normale: Nur so kann die Kamera sie zeigen. Dazu werden handelsübliche Wasserrohre an einem Ende verschlossen und in langen Linien zigfach aufgebohrt. Am Filmset ist das Rohr so installiert, dass die Tropfen nach oben aus den Löchern springen und dann in einer eleganten Kurve niedersinken. Das Beregnungsrohr schwebt dabei an einem Kran direkt über der Szene. Denn sprühen die Tropfen zu hoch in die Luft, dann fallen sie zu schnell und die Kamerafrau ist sauer.

Wer nicht über das Budget eines Woody Allen verfügt, setzt mobile Regentürme oder Regenpistolen ein, die von Hand über die Schauspieler zu halten sind. Wie es diesen gelingt, ergriffen dreinzuschauen, während über ihnen mobile Duschen schweben, wird mir ein Rätsel bleiben.

Regen rufen

Die westliche Zivilisation kennt zwar keine Regentänze, arbeitet aber schon länger daran, Regen herbeizurufen. Am Anfang stand eine Mischung aus religiösem und technischem Glauben: Wenn eine Gewitterfront nahte, läutete man im mittelalterlichen Europa die Kirchenglocken, um den Sturm möglichst früh zum Abregnen zu bringen und die Ernte auf den Feldern vor Hagelschlag zu schützen. Das blieb meist unwirksam und endete tödlich für manchen Küster, der sich bei Blitzschlag an ein nasses Glockenseil klammerte.

Der Gedanke, dass Schallwellen Regen auslösen können, hielt sich gleichwohl hartnäckig. In den technikbegeisterten USA des 19. Jahrhunderts gab es etliche Experimente mit Böllerschüssen. Es dauerte lange, bis sich die Ansicht durchsetzte, dass es nicht Schallwellen waren, die gelegentliche Regenfälle ausgelöst hatten, sondern der natürliche Lauf des Wetters.

Es war die große Zeit der Regenmacher. Der berühmteste unter ihnen war Charles Mallory Hatfield, der schon als junger Mann mit dem so genannten Cloud seeding (Regen-Säen) begann. Er stieg auf einen zu diesem Zweck errichteten Holzturm und erhitzte dort in großen Pfannen eine geheime Mixtur aus Chemikalien. Der aufsteigende Rauch, so die Annahme, brachte Wolken zum Abregnen. Wissenschaftler bezweifelten das, aber Hatfield verstand es immer wieder, seine Auftraggeber und die öffentliche Meinung auf seine Seite zu ziehen. Seine Geschichte wurde später mit Burt Lancaster und Katherine Hepburn in den Hauptrollen verfilmt (The Rainmaker, 1956).

Wolken impfen

Mit dem Aufkommen der Luftfahrt begann eine neue Phase im Versuch, Regen zu säen oder, wie es nun hieß: Wolken zu impfen. 1946 gelang es einem amerikanischen Forscherteam erstmals, Wolken mit Hilfe von Trockeneis zum Abregnen zu bringen. Die Hoffnungen waren riesig. Endlich konnte der Mensch, was zu allen Zeiten den Göttern vorbehalten war: Er gewann Macht über das Wetter.

Kein Wunder, dass auch das Militär heftig interessiert war. Bis in die 1970er Jahre hatte sich herausgestellt, dass Silber-Jodid das wirksamste Mittel für das Wolkensäen war. An solchen Salzpartikeln, die als Kondensationskeime dienen, lagern sich kleinste Wassertropfen an – bis die Tropfen so groß sind, dass sie von der Schwerkraft nach unten gezogen werden. Im »Project Popeye« setzte das US-Militär diese Methode erstmals im großen Stil ein. Es versenkte bei 2.600 Flügen rund 50.000 Ladungen Silber-Jodid in den Wolken über Vietnam, Laos und

Kambodscha. Überflutungen und Erdrutsche, ausgelöst durch heftigen Regen, sollten den berühmten Ho Chi Minh-Pfad zerstören. Erst als Journalisten das Projekt aufdeckten und Parlamentarier »Umweltveränderungen als Kriegswaffe« kritisierten, stellte das Militär die Flüge ein. (Wenn Forrest Gump durch den Regen watet, ist das auch eine Anspielung auf das Projekt »Popeye«.)

Heute hat das Wort «Regenmacher» in den USA übrigens eine interessante Zweitbedeutung: Ein Rainmaker ist ein cleverer Anwalt, der für seine Klienten einen wahren Geldregen herausholen kann. Nicht durch Regentänze, nicht durch Wolkenimpfen, sondern vor Gericht, etwa in Entschädigungsprozessen. (Auch dazu gibt es einen Film: »Der Regenmacher« von Francis Ford Coppola von 1997.)

Königlicher Regen

Das Wolkensäen machte gleichwohl Karriere. Derzeit laufen in über 40 Ländern Wetter-Veränderungsprogramme. Eines der prominentesten betreibt Thailand. Als der dortige König 1956 sah, dass im Nordosten seines Landes Dürre herrschte, während graue Regenwolken über die Felder hinwegzogen, startete er ein Cloud Seeding-Programm der Extraklasse. Es dauerte bis 1969, bis man soweit war; seitdem sieht sich Thailand als Vorreiter der Wolkenbeeinflussung.

Ganz andere Dimensionen hat das chinesische Programm des Wettermachens. China beschäftigt heute 50.000 Staatsangestellte als Wetter-Veränderer und unterhält 50 Flugzeuge, 7.000 Wetterraketen-Rampen und noch einmal 7.000 Abschussanlagen für Wetter-Granaten. Was das genau bringt, ist unklar. Experten schätzen, dass man auch mit solchem Riesenaufwand den Wolken, die über ein bestimmtes Gebiet ziehen, nur etwa zehn bis 15 Prozent zusätzlichen Regen entlocken kann. In dürregeplagten Regionen kann das allerdings viel sein. Völlig ungeklärt ist, welche Wirkung solche Eingriffe in die natürlichen Kreisläufe auf das Weltklima und das Wetter andernorts haben.

Derweil arbeiten Forscher im Rahmen des Climate Engineering, das die Klimakrise aufhalten soll, daran, über dem Meer künstliche Wolken zu bilden: Meerwasser wird von Schiffen aus durch riesige Schlote am Himmel zerstäubt. So bilden sich Wolken, die die Erde kühlen.

Regenlandschaften

Die Zeit steht still im tropischen Regen • Der Maharadscha liebt Monsunromanzen • Am regenreichsten Ort der Erde bleibt es trocken • Mit dem Regen verschwinden Kulturen • Ein Angler genießt die Wasserwirbel • Der Winterwald führt eine Sinfonie auf • Vom Bergregen kann man lernen • Ein Amateur weist der Wolkenforschung den Weg • Japanische Fischer lesen im Wind •

Regenwald

Wenn in der Schule von »Regenwald« die Rede war, stellte ich mir den herbstlichen Laubwald meiner Heimat vor. Wie es dort troff und suppte von den Bäumen, wie der Boden sich in Matsch auflöste, wie es faulig roch und die Kälte durch die Kleidung kroch. Später las ich Berichte von Abenteurern aus dem Amazonas-Urwald. Nun stellte ich mir den Regenwald backofenwarm vor, zugleich durch und durch feucht. Schlangen wanden sich um jeden Ast. Eine miese Gegend.

Eines Tages dann stand ich im tropischen Regenwald, und er erschien mir gar nicht so anders als daheim im deutschen Mittelgebirge. Längst nicht so feucht, wie ich gedacht hatte. Tiere gab es gar nicht zu sehen, ein paar Vögel vielleicht, weit und breit keine Schlange. Was sich mir einprägte: Es gab nicht den einen Regenwald, sondern viele Lebensräume auf den verschiedenen Ebenen des Waldes. Und dass man noch schlechter in die Ferne schauen konnte als aus einem deutschen Mischwald.

Gleichwohl blieb ein starker Eindruck zurück. Da war eine kribbelnde Lebendigkeit, nicht sichtbar, aber spürbar. Sie umfing uns als Besucher, ließ uns still werden und horchen, ob irgendwo in diesen grünen Hallen Vögel riefen, Tiere raschelten. Respekt stellte sich ein – vor der Vielfalt und Allgegenwart der Natur.

Und wo war der Regen im Regenwald? Ich habe es in Costa Rica und Brasilien versucht, auf Bali und Sri Lanka, in Indien und Westafrika. Wahrscheinlich lag es an meinen Reisezeiten, aber ich kann mich nur dunkel an starken, lang anhaltenden Regen im Regenwald erinnern. Eher an ein sanftes Klackern auf großen, dicken Blättern.

Hängematte

Ich liege in einer Hängematte, die zwischen zwei Bäumen aufgespannt ist, und lasse den Tag Revue passieren. Wir sind lange mit dem Bus gefahren, über rote, staubige Pisten, die an einigen Stellen plötzlich zu Schlammlöchern wurden. Der Bus schleuderte hindurch, während wir die ganze Nacht über versuchten, Schlaf zu finden. Am nächsten Morgen ging es weiter auf der Ladefläche eines Pick-ups, schließlich standen wir irgendwo am Straßenrand im Amazonasgebiet und hofften sehr, dass der Waldpfad vor uns der richtige war. 200 Meter weiter lag ein mächtiger Baum quer, dahinter Jugendliche in abgerissener Kleidung, die stolz ihre Macheten vorzeigten. Willkommen im Landlosen-Camp.

Hier hatten sich politische Aktivisten mit ihren Familien eingerichtet, sie gehörten zur Bewegung der Landlosen und wollten den Staat zwingen, ihnen Land zur Selbstversorgung zu geben. In ganz Brasilien hatten sich damals, Ende der 90er Jahre, solche Camps im Regenwald gebildet. Man zeigte uns einen Bach, wir wuschen uns zwischen badenden Kindern. Über allem lag ein tiefer, wohltuender Schatten. Wer die Sonne sehen wollte, musste zurück zur Straße gehen. Wir waren in einem Wald, der einen Anfang hatte, aber kein Ende, nicht einmal eine Lichtung.

Als der Abend kam, war es lebendig geworden zwischen den mächtigen Bäumen, Essenszeit. Danach allmählich immer leiser. Jetzt liege ich in der Hängematte, über mir ein vielschichtiges Dach aus Zweigen und Blättern, um mich herum ein Moskitonetz. Ich höre die letzten Geräusche aus den improvisierten Hütten und fühle mich mehr und mehr als Teil der Nacht. Irgendwann sind da nur noch die Laute des Waldes. Die Stille ist so gegenwärtig, dass ich nicht schlafen kann. Ich fühle mich zugleich aufgehoben in einem riesigen, lebendigen Organismus – und grundlegend fremd in dieser Waldwelt.

Erst der Regen bringt den Schlaf. Etwas an ihm ist anders als in Europa. Es fehlt das Grundrauschen. Falls der Regen hier rauscht, dann tut er es weit weg, oben, über den Wipfeln des Regenwalds. Was unten ankommt, sind einzelne Tropfen. Mit einem Klackern wie von einer tropfenden Höhlendecke schlagen sie auf. »Tck« macht es, noch einmal »tck«, dann »pck«. Jeder Tropfen ist einzeln zu hören, weil er früher oder später auf ein großes Blatt trifft, ein natürliches Trommelfell.

Der Regen wird kaum stärker, aber auch nicht weniger, sein Gleichmaß lässt mich in eine andere, vertrautere Sphäre gleiten, bis mich am frühen Morgen die Vögel mit fremden Lauten wecken.

Tropischer Regen

Was wir tropischen Regen nennen, hat mit ein bisschen »tck« und »pck« nichts zu tun. Der Begriff steht für die Regenzeit mit ihrem schweren Niederschlag (da ist das Wort angemessen). Dem durchschnittlichen Regen Mitteleuropas hat der tropische etwas voraus: seine Entschiedenheit. Wenn er fällt, steht alles andere still. Es wäre dumm, ja gefährlich, genau das tun zu wollen, was man eben noch tun wollte. Der Regen ist stärker. Sogar in tropischen Großstädten mit ihren Verkehrsströmen, Büro- und Einkaufszentren nimmt jeder hin, dass der Regen alles verlangsamt und manches zum Erliegen bringt. Der kleine Regen-Tod gehört zum Leben in den Tropen.

Die Stürme der Regenzeit überschwemmen im Nu jede Straße und falten Schirme zusammen wie Papier. Der Regen schafft Situationen, in denen die Zeit stillsteht. Jedenfalls kommt es gerade uns so vor, die wir gewohnt sind, immerzu unsere Pläne und Ziele zu verfolgen. Ein tropischer Regen setzt uns fest.

Warten ist unvermeidlich. Zeit vergehen lassen. Der Regen erzwingt etwas, das Millionen Menschen im Westen in Meditationskursen suchen: eine nach innen gekehrte Aufmerksamkeit.

Solchen Regen mit seinen Einschränkungen zu akzeptieren hat etwas Erlösendes. Ist der Regen da, bleibt wenig zu tun, sind kaum noch Entscheidungen zu treffen, erübrigt sich oft selbst geistige Aktivität. Wolken und Wasser übernehmen die Regie – so wie der Schnee, wenn ein Dorf einschneit.

Kellner mit Sonnenschirm

Wir gehen bei drückender, schwüler Hitze durch Kumasi, eine Großstadt in Ghana, Westafrika. Auf dem riesigen Markt kann ich mich kaum auf Stoffe, Früchte und lebende Tiere konzentrieren, die schwüle Hitze verwandelt mein Hirn in einen alten Badeschwamm. Jede Bewegung fühlt sich an wie Aquajogging.

Über unserem mühsamen Stadtspaziergang ziehen sich Wolken zusammen, wir suchen Zuflucht in einem Restaurant. Unser Tisch steht überdacht am Rand eines Innenhofs. Wir bestellen müde etwas zu essen, und dann ... schlafe ich ein. Am lichten Tag, am Tisch eines Restaurants. Meine Widerstandskraft ist aufgebraucht. (Was mir weder vorher noch nachher je passiert ist.) Geweckt werde ich von einem mächtigen Donner. Ein tropisches Gewitter – im nächsten Moment ist es schon da. Regen setzt ein, von null auf nichts, mit der Stärke eines mittleren Wasserfalls, er kommt herunter wie ein massiver Block. Wer jetzt rausgeht, muss in Sekunden komplett durchnässt sein. Er könnte sich ebenso gut mit fünf Eimern Wasser gleichzeitig übergießen lassen.

Aber wir sind in Afrika, im Wunderland der Improvisation. Durch die Wasserwand wankt etwas auf uns zu, zunächst nur schemenhaft erkennbar. Ein Kellner hat einen Sonnenschirm aus seiner Halterung genommen, hält ihn über sich und balanciert mit der anderen Hand ein Tablett – unser Essen. Pflichtbewusst serviert er es uns, mit gespieltem Erstaunen, weil wir seine Heldentat kaum fassen können. Aber tatsächlich, er ist nicht mal richtig nass. Auch den Rückweg bewältigt er mit Geschick und Eleganz, die Wassermassen können ihm nicht viel anhaben.

Nach einer halben Stunde ist die Sintflut vorbei. Alles dampft, das Wasser läuft ab. Der Kellner kommt zum Tisch, ohne Sonnenschirm. Er lächelt – so wie alle Menschen, denen wir nach dem großen Regen begegnen.

Monsun

Global gesehen ist unser harmloser europäischer Regen die Ausnahme. Etwa zwei Drittel der Menschheit leben von und mit dem berühmtesten aller tropischen Regen: dem Monsun. Sie sind mit seinem Rhythmus verbunden, dem Drama, das er jedes Jahr aufführt. Der große Regen kann aus einer Halbwüste eine Viehweide machen und Hungersnöte beenden. In Monsunländern wie Indien richten sich Rituale, Feste, Ferienzeiten, medizinische Kuren und Kulturveranstaltungen an den Daten und Energien der Regensaison aus, zu schweigen von der Landwirtschaft. Ja, sogar die Liebe schwingt im Banne des Monsun. Was in unseren Romanen und Filmen die Sommerromanze ist, ist in der östlichen Welt die Monsunromanze.

Diese hat sogar Spuren in der Architektur hinterlassen. Indien ist stolz auf ein weltbekanntes Monsun-Bauwerk: den Liebespavillon von Deeg im Wüsten-Bundesstaat Rajasthan. Ein nordindischer Maharadscha ließ ihn vor 250 Jahren für sich und seine Geliebte errichten. Wassertanks auf dem Dach mussten von Dienern befüllt werden, damit es dann während des Liebesspiels romantisch rauscht und tröpfelt. Sogar Lichtblitze und künstlicher Donner konnten erzeugt werden. Monsun-Feeling inmitten von Hitze und Dürre.

Klingt verrückt, aber beim Monsun hört in gewisser Weise die Vernunft auf. Das Göttliche beginnt. Der indische Nationaldichter Rabindranat Tagore schrieb in einem poetischen Gebet: »Wie eine Regenwolke im Juli, tiefhängend von ihrer Last nicht entladenen Regens, so lass meinen ganzen Geist sich vor deiner Tür neigen, zu deiner Ehre.«

Das ist nur die eine, die spirituelle und romantische Seite des Monsuns. Die andere beschreibt Cynthia Barnett so: »Bleibt der Monsun aus, dann kann das Märkte crashen lassen, Preise für Nahrungsmittel in die Höhe treiben, Selbstmorde provozieren, Energieengpässe auslösen und Wahlen entscheiden.« Deshalb sind Beginn, Dauer und Stärke des Monsunregens in ganz Asien ein unerschöpfliches Thema für Gespräche und Medienberichte.

Ich bin einmal im Februar über das südindische Dekkan-Hochland gefahren und werde die drückende Hitze nicht vergessen. Dabei war der Monsun noch vier bis fünf Monate entfernt. Doch genau genommen war der große Regen, der dann im Juni und Juli fällt, bereits im Entstehen. Denn Monsun entsteht wie jeder Regen durch den Einfluss der Sonne. Wenn der Sommer naht und die Sonne auf die Anrainerstaaten des Indischen Ozeans und des Südchinesischen Meeres brennt, dann erhitzt sich die Landmasse, die Luft darüber steigt auf. So entsteht ein Sog, der kältere und feuchtere Seeluft anzieht. Trifft diese auf Hindernisse wie etwa Berge, dann regnet sie ab. Und das im ganz großen Stil.

So gut Computermodelle diese Vorgänge heute auch abbilden mögen, sie schützen nicht vor Überraschungen. Nichts am Monsun ist eindeutig berechenbar. Wann und wie er Indien beglückt, ist jedes Jahr im Juni und Juli eine Frage von brennender Aktualität. Und auch das Beglücken ist nur ein Teil der Wirklichkeit: Monsunregen macht das Leben schwer für alle Reisenden – erst recht aber für alle, die in Slums oder im tiefen Hinterland ohne feste Straßen leben. Gleichwohl begrüßen Inder auf dem ganzen Subkontinent ihren Monsun enthusiastisch. Die tropische Hitze hat sich bis zu seinem Eintreffen ins quasi Unermessliche gesteigert, und die gesamte Landwirtschaft Indiens hängt von ergiebigen Regenfällen in den Monsun-Monaten ab.

Glück und Unglück im großen Regen

Der britische Schriftsteller Alexander Frater ist einmal mit dem Monsun quer durch Indien gereist, von Süd nach Nord. Er begrüßte den großen Regen bei seinem Eintreffen an der Südwestspitze Indiens und verabschiedete sich von ihm in Cherrapunji im hohen Nordosten Indiens, wo der Monsun sich vor dem Himalaya-Massiv staut. Die Kleinstadt im Bundesstaat Meghalaya ist seit 1861 berühmt als regenreichster Ort der Erde. In jenem Jahr wurden dort im Monat Juli 9.300 Millimeter Niederschlag gemessen, also 9.300 Liter auf jeden Quadratmeter. Man stelle sich eine fast zehn Meter hohe Wasserschicht über dem ganzen Ort vor. Wie in jenem Monat außer Fischen und Amphibien auch noch Menschen in Cherrapunji überlebt haben sollen, bleibt rätselhaft.

Als Frater seine Reise in Kerala begann, dem südwestlichsten Bundesstaat Indiens, gab es wie jedes Jahr ein wochenlanges Rätselraten, wann genau und wo genau der Monsun, vom Ozean her kommend, auf das Festland treffen werde. Die indischen Meteorologen überschlugen sich mit ihren Berechnungen, das ganze Land diskutierte, wie stark der Regen diesmal fallen würde. Einer der Wissenschaftler führte im Gespräch mit Frater lächelnd die Hand zum Herz: »Hier fängt er an, der Monsun.« Für ihn war es äußerst wichtig, vor Ort zu sein, dem großen Regen persönlich zu begegnen: »Die Vorhersage ist nicht nur eine Sache von trockenen Zahlen und Wetterkarten. Wenn der Monsun kommt, gerät man in Hochstimmung, ist man wie berauscht.«

Millionen Inder hören auf ihre Gefühle. Sie beginnen medizinische Behandlungen mit dem Monsun. Sie singen Ragas, uralte Regen-Gesänge, die in der indischen Kultur tief verankert sind. Sie tanzen, wenn die ersten Tropfen fallen. Frater erlebte den Moment mit, als der Monsun auf die südindische Großstadt Cochin (heute: Kochi) traf. Kumuluswolken, schreibt er, »tauchten alles ringsum in ein tintenfarbenes violettes Licht. Um 4:50 Uhr am Nachmittag schließlich hielt der Monsun, angekündigt durch ohrenbetäubenden bodennahen Donner, Einkehr in Cochin. Wolkenfetzen wehten, Rauchfahnen gleich, durch die Bäume; der Regen schäumte auf dem Hotelrasen, schuf hängende Dunstschleier, undurchsichtig wie Bergnebel.« Kirchenglocken läuteten und eine im Hotel versammelte Gesellschaft wollte den Monsun erleben. Kellner öffneten eine Tür und schon strömten die Gäste hinaus: »Die Männer trugen aufgeknöpfte Hemden und elegante Anzüge, die Frauen erlesene Seidensaris und hochhackige Schuhe. Als sie ins Freie traten, breiteten sie die Arme aus und reckten die Gesichter dem Regen entgegen.«

Cynthia Barnett besucht den Bundesstaat Meghalaya, in dem auch das äußerst regenreiche Cherrapunji liegt, zur Monsunzeit, Mitte der 2010er Jahre. Sie stellt sich auf extreme Regenfälle ein – aber abgesehen von ein paar leichten Schauern geht sie leer aus. Einheimische berichten ihr, dass die uralten Rhythmen des Monsun durcheinanderkommen, sie fürchten um den Ehrentitel als »regenreichstes Gebiet der Erde«. Schuld sind die globale Erwärmung und die Klimakrise.

Meteorologen sagen dem indischen Monsun das gleiche Schicksal voraus wie dem Klima Mitteleuropas: Unberechenbarkeit und Extreme – nur in einem ganz anderen, akut lebensbedrohlichen Ausmaß. Der Monsun wird wohl immer öfter und in immer mehr Regionen ausfallen, ganz oder teilweise. In anderen Regionen wird er mit allerhöchster Intensität niedergehen, sodass die Erde das Wasser nicht aufnehmen kann, Bäche und Flüsse zu Springfluten anschwellen und Berghänge zu Tal rutschen.

Am Südende des indischen Subkontinents, in den Kardamom Hills von Kerala, konnte ich Ende 2018 die Folgen eines solchen Erdrutsches besichtigen. Ich stand am oberen Rand eines Berghangs, der vor kurzem noch bewaldet gewesen war. Jetzt schaute ich auf einen etwa 200 Meter breiten kahlen Streifen. Regenwasser hatte sich dort metertief in den Boden gegraben und die Vegetation des Berghangs fortgerissen. Auf halber Hanghöhe hatten Wasser und Schlamm bereits soviel Kraft, dass sie einen breiten Erdrutsch auslösten. Viele der Menschen, die am Fuß dieses Hügels wohnten, konnten sich nicht mehr retten. Die Erdmassen riss sie in den Tod. Sie hatten vergeblich darauf vertraut, dass die schweren Fundamente ihre Häuser halten würden.

Wir alle klammern uns an die Vorstellung, dass das Wetter so bleibt, wie wir es als Kinder kennengelernt haben. Dieser Glaube könnte immer weiter erschüttert werden. In Indien wusste man bei aller Freude über den Monsun immer schon, welche Gefahren er mit sich bringt. Mit jeder Monsun-Saison lernen die Menschen dazu.

Weggeschwemmt

Ein schwieriges Jahr geht zu Ende. Die Weihnachtsferien rücken näher, ich brauche aber schon jetzt eine ganz große Portion Frischluft. Ich will raus, unbedingt, deshalb ignoriere ich die Wettervorhersage, die heftigen Dauerregen verheißt. Ich fahre mit dem Bus durch aschgraue Wohnblocks und winteröde Gärten bis zum Stadtrand und dann immer weiter, suche einen Fernwanderweg, der, wie sich rausstellt, schlecht gekennzeichnet ist. Als ich ihn endlich finde, ist der Regen noch stärker geworden. Ich entscheide mich für das volle Abwehrprogramm: Regenjacke, Regenhose darüber sogar noch einen Schirm; später, als die Arme müde werden, ein Regencape.

Macht das Spaß? Natürlich nicht. Oder, sagen wir: Es macht keinen Spaß, unter der Last all dieser Schutzhüllen dahinzuschluffen, abgekapselt von der Landschaft. Es ist aber schlicht zu kalt, um in lockerer Kleidung durch den starken Regen zu gehen. Würde der Regen bis zur Haut durchdringen, müsste ich meine Regen-Expedition bald abbrechen.

Ich versuche, die Landschaft trotz allem wahrzunehmen. Das geht – selbst jetzt, selbst hier. Das patschnasse Laub schillert in Farben, über die ich sonst hinwegsehe. Ein blasses Kaminrot erkenne ich, daneben Tiefbraun, ein zauberhaftes Aubergine, das mir noch nie aufgefallen ist, mich aber plötzlich anstrahlt. Daneben liegt glitschiges Altholz, umfangen von Moospolstern. Der Regen gibt dem reinen Grün Kraft, hebt es ab vom modrigen Untergrund.

Ich steige auf einen Aussichtsturm, der im Wind schwankt. Oben ist außer nassen Baumwipfeln nichts zu sehen, rundum Wolken. Ihr nach unten ausfaserndes Gewebe schwebt keine 30 Meter über den höchsten Ästen. Aber immerhin: Von hier aus verstehe ich den Weg der Wolken. Der starke Südwestwind treibt sie in einer unübersehbar langen Reihe auf die Hügelkette zu, der ich folge. Ich werde also keine Regenwolke verpassen in den nächsten Stunden. Sie haben nur eine Chance, um weiterzukommen: Sie müssen abregnen.

Tatsächlich prasselt jetzt dichtester Regen auf mich ein. Der zwei Fuß breite Pfad ist den Wassermengen nicht gewachsen, er läuft voll. Bald bin ich nur noch damit beschäftigt, Pfützen, Lachen, Seen weiträumig zu umgehen. Hier trete ich auf einen Stock, dort auf ein Grasbüschel oder einen fauligen Baumstumpf, um nicht dauernd im Wasser zu stehen.

Bald ist es soweit, ich trete daneben. Das Wasser läuft von oben in meinen Wanderstiefel. Ich muss lachen über das absurde Bild, das ich abgebe in meiner grellbunten Plastikverpackung, mit nassen Füßen im Dezemberregen. Ich gebe auf, kapituliere vor diesem norddeutschen Monsun, steuere die nächste Bushaltestelle an und gönne mir von dort einen letzten Blick hinauf in die randvollen Haufenwolken, die sich wohl noch stundenlang entladen werden.

Abends sitze ich warm hinter tropfnassen Scheiben und denke an den dampfenden Wald, an meine neue Lieblingsfarbe »Aubergine feucht«, an das vergehende Laub, das noch tausendmal nass wird und tausendmal wieder trocken, bis sich aus dem Humus vieler Jahre neue Bäume nähren.

Regen prägt Geschichte

Zu viel Regen, zu wenig Regen – oder gerade richtig? Für uns ist das meist nur eine Frage von mehr oder weniger Komfort. Starkregen ist ebenso unbequem wie Dürre, aber selbst wenn auf den Feldern um uns herum nichts mehr wachsen würde, bliebe die Auswahl im Supermarkt üppig. Unabhängig vom Regen zu sein, das ist ein Privileg, das nur wenige Menschen vor uns hatten. Für die allermeisten spielte Regen eine entscheidende Rolle. Bis heute hängt das Wohl und Wehe von Milliarden armer Landbewohner im globalen Süden am Regen. Er kann Landschaften und das Leben darin grundlegend verändern.

Schon die frühen Hochkulturen gingen mit dem Regen auf und unter. Die größte von ihnen liegt bis heute unter Sand begraben. Wir wissen noch sehr wenig über die

Harappa-Kultur im Indusgebiet, dem heutigen Grenzland zwischen Indien und Pakistan. Schon vor 5.000 Jahren lebten die Menschen dort in sorgfältig geplanten Städten mit breiten Straßen, Tiefbrunnen, Wasserreservoirs und den ältesten Abwässerkanälen der Welt. In den Häusern, die aus gebrannten Lehmziegeln erbaut wurden, gab es Herdstellen, die Bewohner konnten öffentliche Bäder nutzen. Kornspeicher deuten auf eine florierende Landwirtschaft und weit ausgespannte Handelsbeziehungen hin.

Warum ging diese hoch entwickelte Kultur unter? Weil sie vom Regen abhing. Genauer: vom Monsun und den Flüssen, die er nährte. Als sich vor gut 4.000 Jahren das Muster der Monsunregen und der Lauf des legendären Saraswati-Stroms änderte, verschwand die Harappa-Kultur. Mit dem Regen fehlte den Menschen die Lebensgrundlage.

Das Erstaunliche ist: Auch die anderen Hochkulturen jener Zeit – China, Ägypten und Mesopotamien – litten damals unter nachlassenden Niederschlägen. Allein im Zweistromland zwischen Euphrat und Tigris wurden drei Viertel der Siedlungen aufgegeben. »Ein bisschen mehr Regen – und Studierende der alten Sprachen hätte wohl neben Latein und Griechisch auch Sumerisch üben müssen«, spekuliert Cynthia Barnett.

Wie am Indus fanden Archäologen auch im Zweistromland Belege dafür, dass vor rund 4.000 Jahren eine dreihundertjährige Dürreperiode begann, welche die damals weit entwickelten Zivilisationen zurückwarf, wenn nicht gar komplett zerstörte. Es handelte sich sogar um eine weltweite Krise. Der grundlegende Regenmangel trat in Afrika auf, im heutigen Peru und in Nordamerika. Das alte ägyptische Königreich am Nil brach zusammen, während zur gleichen Zeit am Gelben Fluss in China Bauern wieder zu Hirten wurden. Jede der damaligen Zivilisationen konnte einen Klimawandel überbrücken, der ein oder zwei Jahrzehnte dauerte. Aber nicht drei Jahrhunderte.

Schmelzende Landschaften

Seit zwei Tagen regnet es auf den Schnee. Und zwar kräftig. Kalte Tropfen springen mir ins Gesicht, auf dem Bürgersteig lassen sie festgetretene Schneereste langsam zerschmelzen. In deren Höhen und Tiefen bilden sich Stauseen. Ich laufe los und denke, dass dieser Februarregen eine gute Chance darauf hätte, als hässlichster Regen des Jahres ausgezeichnet zu werden.

Es dauert zehn Minuten, bis mir warm wird und die Gesichtshaut nicht mehr bei jedem Tropfen erschrickt. Das Laufen ist schwierig. Am besten geht es noch in der Mitte der kleinen Straße, denn dort ist aller Schnee getaut. Regenwasser zeichnet flächige Muster auf den Teer. Sehr hübsch, wenn da nicht die gelegentlich heranzischenden Autos wären.

Ausgerechnet ein Fahrradfahrer fährt mich fast um. Ich wechsle zurück auf den Bürgersteig, muss dort aber zahllose Pfützen umkurven, Ansammlungen von Schneematsch überspringen, vereisten Flächen ausweichen. Das nervt – solange, bis mir auffällt, dass ich durch interessante Mikrolandschaften laufe. Jede Pfütze ist ein Bergsee, jedes Regenrinnsal ein Fluss. Grauweiße Flecken von Schneematsch werden zu Gletschern, die sich träge Richtung Tal neigen. Fußabdrücke mutieren zu Kratern längst erloschener Vulkane.

Wie schade, wenn ich solche Landschaften durch grobe Tritte meiner Joggingschuhe zerstöre. Wann kann man schon Bergen dabei zusehen, wie sie zerlaufen, von Minute zu Minute flacher und kleiner werden? Wann sieht man Gletschern beim Abtauen zu? Der starke Regen verflüssigt meine Bergszenerie, bis morgen früh wird sie verschwunden sein.

Winter adé? Wahrscheinlich nicht. Regen und Schnee werden sich noch über Wochen abwechseln. Mit etwas Fantasie gibt es viel zu sehen.

Wenn das Wasser aus den Bergen springt

Mehr als 3.500 Jahre nach den antiken Hochkulturen hatte auch Mitteleuropa mit einem gravierenden Klimaproblem zu kämpfen. Allerdings ging es diesmal nicht um zu wenig Regen, sondern um zu viel. In den Jahren 1310 bis etwa 1320 n.C. brachten Regenstürme einen extrem nassen Sommer nach dem anderen. Blitzeinschläge mehrten sich, während die Sonne sich selten zeigte. Flüsse traten über die Ufer und sprengten Brücken. Von 1315 bis 1318 herrschte gar die sogenannte Große Hungersnot. Dörfer wurden verlassen, Hunderttausende wanderten im Elend umher. In einem Katastrophengebiet, das von den Pyrenäen bis nach Polen reichte, fielen rund zehn Prozent der Bewohner dem Hunger zum Opfer. Und als der Regen abnahm, die Felder endlich wieder Ernten trugen, brach bald danach die Pest über eine geschwächte Bevölkerung herein.

Die Macht des Regens. Durch ihn werden Landschaften bewohnbar oder entvölkert, er entschied über Schicksale und Menschenleben. Wie eng ist dagegen der Korridor unserer Regenerfahrung. Schon an einen kurzen Starkregen, bei dem Wasser in die Wohnung lief oder das Auto liegenblieb, erinnern wir uns ein Leben lang. Wie sehr müssen sich Erfahrungen mit langen und tiefgreifenden Regenkatastrophen in die kollektive Erinnerung eingewoben haben.

So könnte es gut sein, dass unsere intuitive Reserviertheit gegenüber dem Regen etwas mit der »Kleinen Eiszeit« zu tun hat, die Mitteleuropa von 1500 bis

1850 abkühlen ließ. Das ist nur wenige Generationen her. Auf den Höhepunkten dieser Kälteperiode drangen die Alpengletscher bis in die Täler vor, das Klima war geprägt von langen Wintern, permanenter, dichter Bewölkung und extremen Regen- oder Schneefällen. Überflutungen, Ernteverluste, Hungersnöte und Wirtschaftskrisen waren die Folge, was wiederum soziale Verwerfungen bis hin zu Kriegen und Pogromen auslöste.

Regen formt Landschaften und nimmt Einfluss auf die Geschichte. Menschen litten und leiden unter solchen extremen Klimabedingungen und ihren Folgen. Nicht zu vergleichen damit ist das, was wir schlechtes Wetter nennen – grauer Himmel, Alltagsregen, kühle Witterung. Subjektiv allerdings leiden Menschen auch darunter. Mancher erlebt einen verregneten Urlaub als eine Art kleinen Weltuntergang.

Strandregen

In der Abenddämmerung gehe ich an den Strand. Die Stunden sind kostbar, in denen Meer und Regen sich miteinander verbinden. Ich steige auf den Dünenwall, der hier die Westküste Dänemarks säumt. Kilometerweit streckt er sich hin, ich könnte stundenlang in jede Richtung gehen. Der Strand ist fast menschenleer, weil es gleich dunkel wird. Nur Sand, Wellen und Wasser von allen Seiten.

Ich gehe Richtung Süden, schaue in das letzte Licht der untergehenden Sonne, die den Südwesthimmel gelbrosa einfärbt. Von dorther kommt auch der eiskalte Wind. Es ist der zweite Weihnachtstag, ohne Wolle und Daunen könnte ich mich hier nicht lange aufhalten. Während die letzten Hunde ihren Herrchen über den Dünenwall folgen, sehe ich Regenwolken auf mich zugleiten. Sie ziehen aschene Schleier unter sich her. Der Wind frischt noch weiter auf, und es dauert nicht lange, bis ich eine Bewegung auf dem ruhigen, fast schwarzen Wasser direkt hinter der Brandung erkenne. Es ist die Tropfenspur der Schauerböe, die mich im nächsten Moment erreicht.

Immer wieder faszinierend, wie Wellen machtvoll auf den flachen Strand krachen, dann aber lautlos und glatt zurück ins Meer fließen. Die See ist rau, Gischt fliegt, aber dieser Moment der Ruhe, dieser gelassene Rückzug einer Welle, dieses Einatmen bleibt. Der Wind weht mir Tropfen von der Seite ins Gesicht. Ich höre meine Schritte nicht mehr im Flattern und Rauschen.

Der Regen kommt und geht. Fasst eine Böe kraftvoll zu, dann glänzt meine Windseite nass auf und ich wische mir mit der Hand die Tropfen aus dem Gesicht. Im nächsten Moment trocknet der Wind mich ab.

»Regen« und »kein Regen« – hier am Meer verliert das seine Bedeutung. Auf »kein Regen« folgt »Regen« folgt »kein Regen«. Als einziger Mensch am Strand bin ich mittendrin, wenn Meer und Wolken das älteste Spiel des Planeten miteinander spielen: verdunsten, abregnen, verdunsten, abregnen. Ein Spiel auf Gegenseitigkeit, solange der Mensch nicht stört.

Ich bleibe Zuschauer, träume von einem Lebensstil, bei dem ich keine Spuren hinterlassen würde im Ökosystem unseres Planeten. Außer einem Körper, der sich irgendwann auflöst und wieder eingeht in die Kreisläufe, die so viel größer und älter sind als die Gattung Mensch. Aber gleich schon, wenn ich zurück ins Ferienhaus komme, werde ich als Klimasünder am Kamin sitzen, Holz verbrennen und den Blick in die Flammen genießen.

Ich drehe um, lasse mich vom Wind zurück Richtung Norden schieben. Sehe den Sandstrand jetzt nur noch als dunkelgrauen Teppich zu meiner Rechten und das Meer als hellgraue Schaumlinie zu meiner Linken. Dazwischen finden meine Füße ihren Weg.

Im Meer

Ein Freund zieht zuweilen eine unförmige Wathose an und geht in die flache Ostsee hinaus, bis ihm das Wasser bis zum Bauch steht. Dann wirft er seine Angel aus und konzentriert sich ein, zwei Stunden darauf, eine Meerforelle zu fangen. Es ist ihm noch nie gelungen, der scheue Fisch meidet ihn geradezu, aber das schmälert seine Freude nicht. Denn sein Fang muss keine Kiemen und Gräten haben.

Sein Fang, so erzählt er mir, ist ein Moment wie dieser: Eine schwarze Wolke kommt auf ihn zu, auf ihn allein, weit draußen im Meer. Er sieht die aufgeraute Fläche über das Wasser auf sich zu eilen, spürt die ersten Tropfen wie Schläge, steht für Momente in einem Wasserwirbel – von unten, von oben, von der Seite – und sieht die Wolke weiterziehen, während die Sonne sich in ihren letzten Tropfen bricht. Mächtige Eindrücke, die ihn länger nähren als das Fleisch einer Meerforelle.

»Regen«. Für das Erleben meines Freundes passt das Wort nicht. Meer, Mensch und Regen sind nicht so voneinander geschieden, wie unsere Begriffe es nahelegen. Ich denke an Robert Macfarlane, den englischen Pionier des Nature Writing, der immerzu nach der richtigen Sprache sucht, um Natur zu beschreiben. Er fragt: Wie kommen wir von einer Sprache weg, die den Menschen als das eine beschreibt und die von uns beherrschte Natur als das andere? Wie sprechen wir über Tiere, Pflanzen, Gesteine, Landschaften, über das Klima, als wären wir Teil davon und all das andere Teil von uns? Folgt man diesem Gedanken, dann wäre Regen nicht bloß ein Etwas, das uns nassmacht, sondern wir wären mit ihm verbunden – so wie

Geschwister unauflöslich verbunden und zugleich getrennt sind. Unsere Sprache bräuchte einen eigenen Ausdruck für »allein im Meer stehen, während ein starker Schauer das Wasser aufwühlt«.

Alles löst sich auf

Über bucklige Wiesen geht der Blick direkt hinaus aufs Meer. Von dort kommen Wind, Wolken, Schauer, Sonne. Wir dürfen unser Zelt auf einem leeren Campingplatz aufbauen, der zugleich eine Schafweide ist. Hier in Wales ist das nichts Besonderes.

Die Schafe sind anfangs scheu, aber wir, ihre Gäste, benehmen uns akzeptabel. Nachts hört man gelegentlich das Reißen von Grashalmen oder ein Schubbern an der Zeltschnur. Wir ignorieren den Geruch, setzen uns morgens wie abends vors Zelt und schauen aufs Meer. Schauen in die Wolken, die hereinsegeln und sich vor einer Hügelkette stauen – worauf ihnen ein sanfter Dunst entschwebt. Regen? Könnte man so nennen.

Mit der Zeit ergibt sich eine Art Gemeinschaft aus Wolken, Nieseldunst, Schafen und – nebenbei – zwei Menschen. Die Tage verlaufen gleichförmig, die Schafe kommen näher. Wir tragen keine Regenjacken mehr. Die Luft ist feucht, die Wolken sind eins mit dem Meer und das Meer auf eine schwer erklärbare Weise eins mit dem Land. Eine immer größere Ruhe legt sich über die Landschaft. Wir rollen uns in ihr ein.

Im Sturm

Schon beim Aufwachen denke ich: Sturm, das ist Sturm. Der Wetterbericht spricht von Böen mit bis zu 120 Kilometern pro Stunde. Das fühlt sich in einer Ferienwohnung auf Sylt, 50 Meter von den Dünen und 150 Meter vom Meer entfernt, etwas aufregender an als auf dem Festland.

Die Fensterscheiben biegen sich unterm Wind. Es sind zehn Grad draußen, gar nicht so kühl also, aber die Wohnung wird nicht richtig warm. Wie dünn die Schutzhülle unserer Bauten ist, wenn das Wetter mal richtig aufdreht. Im Fernsehen laufen Bilder aus dem Harz: Auf dem Gipfel des Brocken wagen sich Extremwetter-Touristen bei schweren Sturmböen aus ihrer Deckung. Der Wind stößt sie um wie Spielfiguren.

Ausgerechnet heute wollen wir von Sylt nach Hause fahren. Wir gehen früher los, man hört, dass der Zugverkehr bald eingestellt werden könnte. Auf den wenigen hundert Metern bis zur Bushaltestelle klatscht der Wind gegen unsere

Regenanzüge wie ein schwerer Lappen. Eine Tasche auf Rollen zu ziehen, ist plötzlich anstrengend. Bei jedem Schritt muss sich der Körper neu ausbalancieren, eine Kraftprobe.

Im Zug schauen wir zu, wie die Schauer heranbranden, Tropfen knallen vor die Scheibe wie Schotter, springen eilig ab, machen Platz für die nächste Welle. Erst viele Kilometer hinter der Küste lässt das Gefühl nach, sich in einem Ausnahmezustand bewähren zu müssen.

Staub und Schlamm

Mitteleuropa ist eine der wenigen Weltgegenden, in denen man mit sauberen Schuhen durchs Leben gehen kann, zumindest in Städten und Dörfern. Selbstverständlich war das auch bei uns bis weit ins 20. Jahrhundert nicht. Erde in zwei Aggregatzuständen – Staub und Schlam – machte aus sauberen Schuhen schmutzige.

In den Schlamm zu geraten konnte lebensbedrohlich werden, gerade für Fußgänger. Bis heute gilt: Schlamm ist meistens gefährlicher als Staub, auf jeden Fall ziemlich lästig. An einem Regentag ist es kaum möglich, durch Wald und Feld zu spazieren, ohne dass die Schuhe sich mit einer dunkelbeigen Schicht überziehen, die später hellbeige wird.

Wobei dieser Farbwechsel seine Reize hat. Beide Beigetöne sind schöne, durchaus kraftvolle Farben. Mir fiel das allerdings auch erst auf, als eine Einrichtungsberaterin mir empfahl, die Wand eines Konferenzraums in der Farbe »Schlamm« zu streichen. Kombiniert man diesen mit weiß und dunkelrot, ergibt das eine Wohlfühlumgebung vom Feinsten.

Matsch

Als ich an einem regnerischen Morgen kurz vor Weihnachten zu einem Waldspaziergang aufbreche, trete ich in die vom Vortrag verdreckten Schuhe. Der Wald ist schlammig – kein Grund, ihn zu meiden, aber ein guter Grund, die Schuhe nicht zu putzen.

Im Gegenteil. Der Wiesenweg führt einen Hang hinauf, das kurze, nasse Gras säubert die Schuhe, mit jedem Schritt. Nach der nächsten Hügelkuppe kommt eine flache Senke, das Gras steht im Wasser und die Schuhe werden nun auch an den Seiten gereinigt in dieser natürlichen Waschanlage.

Dann beginnt der Wald. Buchen- und Eichenblätter bedecken den Weg. Überall da, wo sich das Regenwasser auf dem lehmigen Boden gestaut hat, sind die Blätter von einer Schlammschicht überzogen.

Der Matsch zwingt mich, aufmerksam zu gehen. Ich muss immer zwei, drei Meter vorausschauen und abschätzen, wohin ich den Fuß halbwegs trocken und sicher setzen kann. Meist ist das rechts oder links am Rand, weil dort noch sauberes Grün steht. Wo besonders große Pfützen schwappen, dehnt sich der Weg immer mehr zur Seite aus. Mountainbiker haben die Wegmitte aufgefurcht, wir Gehenden suchen Seiten- und Nebenpfade, damit der Schlamm uns nicht von oben in die Schuhe läuft.

Jetzt heißt es Slalom gehen, und das macht durchaus Spaß, weil es Konzentration und Geschick erfordert. Mir fallen die vielen Farbtöne am Boden auf. Das Dunkelbraun der nassen Buchenblätter in den unteren Schichten, das Kupfer der jüngeren; das Haselnussbraun der alten Eichenblätter, das Braungelb der jungen. Auf den ersten Blick liegt da ein brauner Mischmasch am Boden – auf den zweiten eine Sinfonie der Farbtöne. Herbsttöne schätzen wir nur, wenn die welken Blätter an den Bäumen erglühen oder uns frisch gefallen vom Boden her anstrahlen. Eine kulturelle Prägung verleitet uns dazu, Winterlaub komplett zu übersehen: Es gilt als modernde Biomasse, scheinbar ohne jeden ästhetischen Reiz.

Während ich mich noch an den Laubfarben erfreue, fällt mir der Schlamm selbst auf, der inzwischen wieder meine Schuhe bedeckt. Andere Spaziergänger haben ihn nach rechts und links über den Boden verteilt. Der Grundton – kombiniert aus Braun, Olivgrün und Grau – ist überall gleich, aber allein auf einem Quadratmeter Boden finde ich zehn verschiedene Abmischungen. Wer Farben mag, sollte sich dieses Wunderwerk näher ansehen. Mit unseren Schuhen verteilten wir die Schlammtöne über das matt leuchtende Laub.

Schlamm? Ist das eigentlich das richtige Wort? Ich gehe weiter, umkurve die feuchten Stellen, so gut es geht (es geht nicht gut), balanciere um Pfützen und verquollene Wegstücke herum – und beschließe, fortan lieber von Matsch zu sprechen. Darin klingt noch etwas von der kindlichen Freude an dieser formbaren Materie mit, dieser Ursuppe, die wir an den Schuhen nach Hause tragen.

Bergregen I

Ich bin 13, es ist halb fünf in der Frühe, und ich werde von den Klängen eines Akkordeons geweckt, das direkt vor meiner Zimmertür Volkslieder intoniert. Dazu singt jemand lauthals das Kufstein-Lied. Wenn es eine Hölle für Teenager gibt: Genau so sieht sie aus.

Allerdings wird mir rasch klar, dass dies keine Bestrafung ist, sondern mein absoluter Wunschurlaub. Der da draußen Volkslieder schmettert, ist zugleich mein Bergsteiger-Guru, der Pensionswirt Hannes. Und er wird mich und zwanzig andere Gäste gleich hinauf in die Allgäuer Alpen führen. Also stehe ich ohne Murren auf. Nicht mal der Regen, der das Tal mit Wasserdampf füllt, kann meinen Elan bremsen.

Hannes wirkt ein wenig angespannt. Er weiß, dass er nicht wissen kann, wie eine Tour verläuft, die bei solchem Dauerregen beginnt. Bergregen ist unberechenbar. Mal hat man Glück und wandert mitten in einer Regenfront stundenlang trocken einher. Mal hat man Pech und die Tour endet als Regenfiasko, und man kann von Glück sagen, wenn man Matschwege und glatten Fels unverletzt wieder verlässt. Als Bergführer übernimmt er Verantwortung. Etwas gewunden tut er kund: Es sei nicht ausgeschlossen, könne demgemäß also durchaus sein, dass es im Laufe des Tages besser werde, jedenfalls nicht unbedingt noch schlechter.

Wir fahren durch Nebel und Regen zum Ausgangspunkt der Tagestour. In langen Reihen steigen wir zu einer Berghütte auf. Gut zwei Stunden dauert das – und hinterher ist jede und jeder komplett durchnässt. Bergaufgehen unter Regenkluft ersetzt die Sauna.

Ich erinnere mich an meinen Unwillen, die Hütte zu betreten. Was sollte das bringen, sich jetzt ins Warme zu setzen, wenn man doch eigentlich noch viel weiter nach oben wollte? Ich erinnere mich an die beschlagenen Scheiben, an die zusätzliche Wolke von Feuchtigkeit, die wir mit in die überhitzte Gaststube bringen, an die Müdigkeit, die dann unausweichlich einsetzt. Ich gehe alle paar Minuten zum Fenster, wische mit der Handfläche einen Streifen frei, schaue, ob der Regen aufhört. Tut er nicht. Nach langer Pause steigen wir alle wieder ab, auf gefährlich glitschigen Felspfaden. Früher oder später gleitet jeder in den Matsch. Der Regen trommelt noch in der Nacht aufs Dach, nur dass diesmal kein verrückter Almdudler um 4:30 Uhr durch die Gänge zieht.

Berglektion eins: Leg dich nie mit dem Wetter an. Es ist stärker als du.

Bergregen II

Ich bin 22 und wache gegen 6:00 Uhr vom vorbeidonnernden Schwerverkehr auf. Wir haben halb Deutschland per Anhalter durchquert und dann auf einer Wiese neben der Inntalautobahn bei Kiefersfelden gezeltet, jetzt schleppen wir unsere Rucksäcke zur Ausfahrt des Rastplatzes und versuchen, das letzte Stück nach Südtirol zu trampen.

Am Nachmittag können wir endlich die Verkehrsströme im Tal hinter uns lassen und aufsteigen in die Sarntaler Alpen. Drei Stunden später sitzen wir auf einer Almwiese vorm Zelt, schauen im frühen Abendlicht (es ist Ende September) über das Tal zur Geißler-Gruppe und finden, dass sich die weite Reise gelohnt hat.

Am Morgen leichter Regen. Dann bleibt das Zelt halt nass, egal, das bisschen Extragewicht hält uns nicht auf. Hauptsache, wir kommen heute nach oben. Noch während wir packen, beginnt die Landschaft um uns herum zu entschwinden. Ein grauer Wolkenvorhang zieht sich rasch zu. Die Orientierung wird schwieriger. Nebel zieht auf. Wir haben noch keinen Gesamteindruck gewinnen können, wir sehen nur 30 Meter Weg vor und hinter uns. Der Regen zwingt uns, Kapuzen zu tragen, die den Gesichtskreis weiter einschränken. Wir gehen in triefender Regenkleidung, suchen minutenlang nach einzelnen Wegmarkierungen. Am Nachmittag geben wir auf. Nach diesem Tag kommt eine nasse Nacht im Zelt nicht infrage. Wir steigen ab zu einer Berghütte.

Wir gehen auf einem langen, flach zu Tal führenden Sträßchen abwärts. Meine aufgeweichten, von der Nässe schweren Lederstiefel fangen an zu drücken. Es dauert nicht lange, da schmerzen zwei Blasen. Das macht der Regen, denke ich, und hasse ihn. Unglaublich, wie lang es dauert, bis aus dem Nebel irgendwann das Rifugio auftaucht, die Berghütte.

Inzwischen schmerzt jeder Schritt. Es ist kalt in der Hütte, die eigentlich schon die Saison beendet hat. Wir sind die einzigen Gäste und mehr als zwei Matratzen gibt es nicht für uns. Im Massenlager, wo es sich sonst schnell zu voll anfühlt, legt sich Verlassenheit wie eine kratzige Filzdecke über uns.

Vor lauter Enttäuschung sehe ich nichts als Regentropfen. Regen, Regen, Regen – eine einzige Katastrophe. Dass eine Landschaft im Regen reizvoll sein könnte: Dieser Gedanke ist mir damals verschlossen. Gern würde ich (das heutige Ich) mich als guter Geist einmischen und raten: Schlagt euer Zelt geschützt auf oder sucht euch ein schönes Zimmer. Geht spazieren, wartet. Entdeckt die Berge, wie sie sind, wenn sie sich in die Wolken zurückziehen, wenn sie für sich sind. Aber damals steigen wir ab und machen uns missmutig auf den langen Heimweg.

Berglektion zwei: Gegen den Regen geht nichts. Überleg, was du mit ihm machen kannst.

Bergregen III

Ich bin 55 und wache gegen 15:00 Uhr von einem langen, traurigen Mittagsschlaf auf. Eigentlich sollten wir um diese Zeit schon sechs Stunden durch das Lechtal gewandert sein und bald unser Ziel erreichen, eine Hütte im Verwall-

Gebirge. Stattdessen verpennen wir den Tag in einem langweiligen Dorf. Den Grund sieht man mit einem Blick aus dem Fenster: Vor der Häuserwand gegenüber zeichnen sich lange, dunkle, dichte Regenstreifen ab.

Blick auf die Wetter-App, etwa zum fünfzigsten Mal seit heute morgen. Wann zieht dieses Mega-Regengebiet weiter, wann können wir unsere Tour fortsetzen? Die Stimmung ist angespannt. Übelster Laune und nach wenigen Metern tropfnass laufen wir am nächsten Morgen zum Bus. Wir wollen das Weitergehen versuchen, auch wenn alles gegen eine Höhenwanderung bei Dauerregen und Kälte spricht.

An einem Bahnhofsvorplatz warten wir auf den Anschluss-Bus. Der Dauerregen hat jetzt Wolkenbruchstärke erreicht, was eigentlich nicht recht zusammenpasst. Die Miene meines Wandergenossen würde zur Beerdigung eines engen Angehörigen passen. Der Bus hat Verspätung und wir schauen jetzt doch noch mal, ob man mit einem der Züge, die in den nächsten Stunden fahren, dem Bergregen-Inferno entfliehen könnte.

Der Bus kommt, und wir lassen uns von ihm immer weiter in den Regen hineintragen – ohne jede Hoffnung, dass uns heute etwas Besseres als Aquajogging erwartet. Der Bus hält an einem winzigen Unterstand. Immerhin, dort können wir uns regenschutztechnisch aufbrezeln. Unter dem Cape bricht mir dabei schon im Stehen der Schweiß aus. Aber sich durchregnen lassen und dann auskühlen? Das ist keine Alternative, wir werden bis auf 2400 Meter aufsteigen.

Die ersten Schritte. Zu sehen ist nichts als Nebel, Tropfen und Pfützen. Dann gehen wir um eine Kurve in ein Seitental. Im gleichen Moment lässt der Regen nach. Die Wolken scheinen etwas höher über dem Tal zu hängen und sehen eher mitteldunkelgrau aus als tiefdunkelgrau.

Nach einer Stunde Aufstieg sind wir nahezu trocken, es nieselt nur noch, Wolkenlöcher öffnen sich, ein Felsmassiv taucht aus dem Dunst auf. Die Mittagssonne macht sich als Anmutung bemerkbar, ihr diffuses Licht erfüllt ein sattgrün ausgepolstertes Hochtal, durch das wir jetzt andächtig bergan wandern, berührt von der Schönheit, die sich in den Wolken verbarg und die wir vor lauter Verzagtheit fast verpasst hätten.

Es wird ein wunderbarer Wandertag, auch dann noch, als am Nachmittag der Regen wieder einsetzt und wir die Berghütte tropfnass erreichen. Wir sind in den Tritt gekommen und lassen uns jetzt nicht mehr bremsen von einem Bergregen, der macht, was er will. Stück für Stück enthüllt sich die Gebirgswelt in den nächsten Tagen. Bald liegt ein gewaltiges Panorama aus Schnee und Eis frei. Ein Glück, das wir intensiv erleben, weil wir tagelang in den Wolken waren.

Berglektion drei: Hinter der nächsten Wegbiegung kann eine neue Wetterwelt beginnen.

Bergregen IV

Ich bin 57 und am frühen Morgen allein unterwegs im Hochgebirge – nicht unbedingt ratsam, aber es ging gerade nicht anders, und dieser Pfad scheint nicht allzu schwierig zu sein.

Eine Stunde nach dem Aufbruch von der Hütte bin ich schlauer. Der Pfad ist schwierig, fordert mir kurze Kletterpassagen ab und führt am Ende über Schneefelder. Ich überlege kurz, ob ich umkehren soll, aber auch das wäre ein durchaus herausfordernder Weg. Ich gehe weiter und hoffe inständig, dass es nicht noch schlimmer wird. Vergeblich. Im nächsten Moment stehe ich auf der Passhöhe, auf knapp 3000 Metern. Vor mir liegt ein sehr steiles, sehr großes Schneefeld, über das ich nun hinab ins Tal staksen soll. Davon war in der Tourenbeschreibung keine Rede gewesen, auch auf der Karte hatte ich es nicht entdeckt. Ich weiß, dass es lebensgefährlich ist, in einem solchen Schneefeld abzurutschen. Und genau jetzt beginnt es zu regnen.

Jetzt habe ich keine Zeit mehr zu überlegen. Ich muss das Schneefeld hinter mich bringen, bevor die Trittspur im Regen aufweicht und rutschig wird. Wenn dann noch ein Eiswind käme, wäre der überfrorene Matsch für mich unbegehbar. Also los, jetzt, sofort. Ich greife die Wanderstöcke fester und ramme die Kanten meiner Bergstiefel wuchtig in den Schnee.

Komme heil unten an und hoffe, nun das Schlimmste überstanden zu haben. Habe ich nicht. Ein sehr langer, schwieriger Abstieg über endlose Geröllhalden liegt vor mir. Zwei Stunden lang springe ich von einem hingewürfelten Felsblock zum nächsten, immer bemüht, das Gleichgewicht zu halten. Wieder sind Kletterpassagen dabei, denen ich nur so gerade eben gewachsen bin. Zum Abschluss endlose steile Flanken mit losem Geröll, kein Tritt ist verlässlich. Der Talboden will einfach nicht näherkommen.

Endlich stehe ich am Gletscherbach und schaue zurück. Das hätte riskant werden können. Wäre aus dem kurzen Schauer oben am Pass ein starker Regen geworden – wie hätte ich es auf dem rutschigen Fels hierher geschafft, ohne abzurutschen und zu stürzen? Der stabile Nordföhn hat mich geschützt. Meine Wetter-Einschätzung hat gestimmt. Aber ich konnte das nicht sicher beurteilen. Anders gesagt: Glück gehabt.

Nasser Gneis und Granit können in wunderbaren Farbtönen schimmern, von Braun bis Türkis. Sie hätten mich an diesem Tag wohl überfordert.

Berglektion vier: Stell dir den Weg, den du gehen willst, bei Regen vor und entscheide dann, ob du ihm gewachsen bist.

Die Stille danach

Jeder Regen hört auf. Irgendwann. Er mag noch so unpassend, heftig, sogar gefährlich sein in einer bestimmten Situation, irgendwann fällt der letzte Tropfen.

Ein Freund denkt über den Regen nach und lächelt: Er mag den Moment, wenn Regen unvermittelt aufhört. Einfach so. Eben war er noch da, wir hörten ihn klickern, trommeln und plitschern. Dann ist er plötzlich weg.

Er erinnert sich an die irritierende Stille, die dann folgt. Am Anfang rechnet man damit, dass es gleich wieder losgeht. So, als würde der Regen Atem holen oder, nun ja, nur mal einen Schluck Kaffee nehmen. Und oft ist es so: nach 20, 30 Sekunden sind die Regengeräusche wieder da.

Das Ende des Regens gibt der Situation etwas Schwebendes: als würde gleich etwas Wichtiges gesagt, in die Stille hinein, die Stille nach dem Regen. Die zugleich ein Teil von ihm ist, so wie die Pause zur Musik gehört.

Abziehender Regen

Abendspaziergang im Bergregen. Dorfbewohner kommen mir entgegen, sie klappen unter den Vordächern ihrer Häuser die Schirme zu, was mich dazu verleitet, die Kapuze aufzusetzen. Sofort klingt der Tropfenfall dramatisch. Ich schüttle die Kapuze wieder ab, mein Blick öffnet sich, ich sehe kleine Haufenwolken vom Tal hereinziehen wie Fischerboote in einen Hafen.

Über mir ein Prachtstück von einer Wolke: mittelgroß, an den Rändern strahlend weiß, ansonsten tiefdunkelgrau, in der Mitte ein heller Streifen – die Milchstraße in der Wolkennacht. Der Streifen bewegt sich sanft, als würde die Wolke langsam atmen. Der Regen zieht ab und gibt dabei ein grandioses Bergpanorama frei: Felswände in Dunkelgrau, die im letzten Abendlicht zum Greifen nah wirken; an den Gipfeln hängen Wolkenfahnen.

Für ein Alpenglühen ist es heute zu spät. Bald ist die gegenüberliegende Talseite nur noch ein Scherenschnitt. Darüber haben Wolken ihren großen Auftritt im letzten Licht. Tagsüber schlucken sie die Sonnenstrahlen. Nun ist die Sonne schon seit bald zwei Stunden versunken, aber die Haufenwolken spiegeln noch immer ihren Abschiedsgruß ins Tal hinein.

Wolkenflug

Fensterplatz. Als der Airbus wenige Minuten nach dem Start durch eine lockere Wolkendecke stößt, rumpelt es gewaltig, und ich sehe auf. Früher erschienen Wolken mir bedeutungslos. Jetzt fällt mir auf, wieviel Widerstand eine harmlose Haufenwolke bietet. Die Masse der abertausend Tröpfchen.

Dann sehe ich, dass es über der untersten Wolkenschicht eine zweite gibt. Und ganz weit oben, über unserer Flughöhe von gut 8000 Metern, erstrecken sich ausgedehnte Cirrus-Bänder – Himmelschmuck aus Eiskristallen. Von unten ist das alles ein graues Einerlei.

Das Flugzeug schwebt im milden Sonnenlicht zwischen der mittleren und der oberen Schicht. Unter mir erstreckt sich eine Wolkenlandschaft, der ich das Wabern nicht ansehen kann. Sie wirkt so still und fest wie eine Wüste. Auch die Bewegung des Flugzeugs, das rund 800 Kilometer pro Stunde zurücklegt, ist kaum wahrzunehmen. Wolkenlandschaften sind so monumental, dass Menschendinge auf die Größe eines Käfers schrumpfen.

Später am Tag liege ich auf einer Bergwiese und schaue in schönstes Hochdruckblau mit Schönwetterwolken. Ich suche den Wolkenhund, den es dort oben immer gibt. Diesmal ist es ein Terrier. Kleine, bewegliche Wolken bilden kleine Gestalten. Der Terrier biegt sich nach oben, als schnappe er nach einem Leckerli. Außer ihm sehe ich Katzen, Kröten und Fabelwesen.

Der Wind hat eine Tendenz zum Stürmischen. Grundton blau, aber bewegtes Himmelstheater in Weiß. Ich sehe Begegnungen, Verschmelzungen, Geburten. Ich sehe ein Wetter, das den Kopf zugleich leert und mit wunderbarem, nichtsnutzigen Formenspaß füllt. Viel besser als königsblaue Langeweile. Ein Hoch auf die Wolken, mit denen ich diesen Tag verbringen darf.

Willkommen auf Wolke neun

Wann waren Sie zuletzt auf Wolke neun? Noch gar nicht? Sie sprechen deutsch und bevorzugen deshalb Wolke sieben? Dann wird es Ihnen Probleme bereiten, Menschen aus dem englischen Sprachraum in einem Zustand der Euphorie zu begegnen. Angloamerikaner befinden sich dann nämlich auf »cloud nine«. Wir können ihnen von Wolke sieben aus zuwinken.

Wie Briten und Amerikaner von Wolke sieben auf Wolke neun gelangt sind, darüber gibt es allerlei Spekulationen. Sicher ist, dass sie, wenn sie verliebt oder rundum glücklich waren, lange Zeit neben uns auf Wolke sieben hockten. War es eine amerikanische Fernsehshow der 1950er Jahre namens »Johnny Dollar«, die die

Redewendung populär machte? War es der Ex-Beatle George Harrison mit seiner Platte »Cloud nine« in den achtziger Jahren? Wahrscheinlich ist, dass ein junger Engländer namens Luke Howard zumindest eine Mitschuld trägt.

Howard (1772–1864) war schon als Teenager besessen vom Himmelsgeschehen. Da oben am Himmel waberte und wallte es, die Menschen nahmen das seit Urzeiten einfach hin! Genau wie sie Pflanzen lange hatten Pflanzen sein lassen und jeder sie anders nannte, bis dann der deutsche Naturforscher Carl von Linné kam, ein System entwickelte und eine einheitliche, lateinische Sprache für die Pflanzenwelt vorschlug. Der junge Howard fragte sich: Sollte, ja, musste das nicht auch für die Wolken möglich sein, die unablässig über die britischen Inseln dahinzogen – in schwer greifbaren Formen, über die sich selbst Experten nur ungenau verständigen konnten?

Nichts hätte der junge Luke Howard lieber getan, als sein Leben ausschließlich solchen Fragen zu widmen. Aber das ließ sein Vater nicht zu. Luke musste den Beruf des Apothekers erlernen, später Pharmakologie studieren und seine Freizeit für die Meteorologie nutzen. Das tat er. Howard steckte den Kopf in die Wolken – bis er im Jahr 1802 den ersten Vortrag über seine Wolken-Klassifikation halten konnte (On the modification of clouds). Endlich gab es lateinische Fachbegriffe, sauber definiert. Wir kennen sie bis heute: wenn von Kumulus- oder Haufenwolken die Rede ist, von Nimbus- oder Schichtwolken, von Cirrus- oder Haarwolken. Howard hat unsere Wolkenbegriffe und damit unsere Wahrnehmung geprägt. Der Amateur-Meteorologe brachte Ordnung in das Gewaber am Himmel.

Die Anpassungen, die Profi-Meteorologen bis heute vornahmen, sind relativ gering. Auf einem Fachkongress in Paris wurde später ein Zehn-Klassen-System beschlossen, das weitgehend auf den Vorschlägen von Howard beruht. Dieser Internationale Wolken-Atlas gilt bis heute. Howards Wolke neun, die Cumulonimbus-Wolke, wurde darin zu Wolke zehn. Jeder hat einen solchen hoch aufragenden Wolkenturm schon einmal in einer herannahenden Gewitterfront auf sich zuschweben sehen – Zeit, in Deckung zu gehen.

Schon zu Beginn des 19. Jahrhunderts wurde Howard als Wolkenforscher berühmt, nicht nur in Fachkreisen. Irgendwann begannen einige Briten und Amerikaner wohl von »cloud nine« zu sprechen, wenn es um Hochgefühle aller Art ging. Die Cumulonimbus, die Königin der Wolken, galt ihnen als Gipfel des Empfindens. Was ich ein wenig irritierend finde, denn ich habe mir »Wolke sieben« immer als hübsche Schäfchenwolke vorgestellt, die sorglos und selbstvergessen über den Himmel schaukelt – eine eher harmlose Form von Euphorie. Die Anhänger von Wolke neun finden es attraktiver, auf einer temperamentvollen Gewitterwolke zu reiten, die Unmengen Regen in sich trägt.

Goethe, dem das Thema »Ordnung im Universum« am Herzen lag wie wenig anderes, verehrte Howard. Dennoch folgte im deutschen Sprachraum niemand der Howard'schen Logik. Man blieb beim siebten Himmel. Dessen Geschichte beginnt übrigens beim griechischen Philosophen Aristoteles, der den Himmel in sieben durchsichtige Gewölbe aufteilte. Sie geht weiter in den so genannten apokryphen Schriften (einer Sammlung von frühchristlichen Texten, die nicht in die Bibel aufgenommen wurden): Dort ist ausdrücklich von sieben Himmeln die Rede, was sich wiederum auf den jüdischen Talmud bezieht, demzufolge sich im siebten Himmel »Gerechtigkeit, Reichtum und Heil, die Schätze des Lebens, die Schätze des Friedens und die Schätze des Segens« befinden.

Kurz: Der siebte Himmel ist eine verbreitete Chiffre für das Außerweltliche, das im normalen Leben der Menschen nicht dauerhaft Platz finden kann. Wie schön, wenn wir ab und zu einen Moment in utopischen Sphären verbringen dürfen, auf unserer Wunschwolke, welche Zahl sie auch immer trägt.

Landschaft mit Wolken

Wieder Wolken am Himmel, ich freue mich über einen Tag mit Charakter. Wolken fordern zur Vorausschau auf, sie werfen Fragen auf – und sei es nur die Fragen nach Kleidung und Schirm. Sie sind das Signal, dass wir nicht im Paradies leben, sondern es besser haben: dass wir unser Leben verantwortlich gestalten dürfen, von Tag zu Tag. Ein Leben, in dem Entscheidungen zu treffen sind, Folgen überlegt werden müssen und in das man trotzdem mit Zuversicht und Urvertrauen hineingehen kann. Wolken schützen uns vor Langeweile, vor schaler Idylle. Wo Wasserdunst am Himmel wabert, kommen die Dinge auf gute Weise in die Schwebe, wird Leben echt.

Als ich aus der Tür trete, merke ich, dass das heute mehr als ein Gedanke ist. Von einigen Wolken hängen schwarze Filzfäden herab. Da ist ordentlich Wasser drin, das sich auch schon hier und da abregnet. Komisch, ein sonniger Tag, an dem ich jederzeit komplett nasswerden kann. Alles eine Frage des Moments.

Eine Stunde gehe ich unbehelligt, dann höre ich das Rauschen. Ein sanftes, stilles Rauschen, gleichmäßiger als das Rauschen eines Bergbachs, es kommt näher. Ich spüre den Regen, als ich auf eine Waldlichtung trete. Der Boden, die Steine, das Gras, die Kiesel – das alles ist so warm, dass der Regen rasch verdunstet. Auch ich bin warm, brauche keinen Schutz. Ich genieße die kühle Luft, lasse den Regen als natürliche Klimaanlage für Ausgleich sorgen.

Unsichtbare Landschaften

Wolkenbilder. Ein Windhauch auf der Wange. Das Gefühl, dass bald Regen kommt. Innere Unruhe, wenn der Wind plötzlich auffrischt. So etwas registrieren wir eher nebenbei. Für andere ist die Wetterwahrnehmung überlebenswichtig. Das gilt nicht nur für Naturvölker, denen jeder Sturm unmittelbar gefährlich werden kann. Selbst die Fischer im hochtechnisierten Japan müssen sich auf ihre Intuition verlassen, um vor einem heranziehenden Taifun rechtzeitig den Hafen zu erreichen. Auf altes Wissen, das sie von ihren Vorfahren haben.

Der italienische Anthropologe Giovanni Bulian hat das, was die Fischer wahrnehmen und zu deuten verstehen, einmal »unsichtbare Landschaften« genannt. Unsichtbar weniger für die Fischer selbst als für uns, die Landratten. Die Fischer brauchen eine hohe Sensibilität, Intelligenz und praktische Lebenskompetenz, um bei ihrer schweren und gefährlichen Arbeit auf See die richtigen Entscheidungen zu treffen. Sie verstehen, die Meereslandschaft und ihr Wetter zu lesen wie andere eine Landkarte oder ein Buch. »Es ist ein in sich stimmiges Zusammenspiel von Geruch, Geschmack, Empfindungen auf der Haut und jahrelangen Erfahrungen, die sich zu einem Instinkt und einer Intuition zusammenfügen – und dann zu Überlegungen, Abwägungen und Reaktionen auf das Erfahrene werden«, analysiert Michaela Vieser. Zu den Fischern an der Südwestküste Japans werden auch Taucherinnen gezählt, die nach uralten Methoden Abalone-Schnecken vom Meeresboden holen. Sie wären bei einem plötzlichem Wetterwechsel verloren ohne ein intuitives Frühwarnsystem, ohne ihren Blick für die unsichtbaren, man könnte sagen: für ihre inneren Landschaften.

Wetter-Wissen: Ich frage mich, ob es nicht auch für uns, die naturfernen Europäer mit ihrer urban geprägten Lebensweise, ein Gewinn wäre, wieder unsichtbare Landschaften wahrzunehmen. Faszinierend an der Idee von Giovanni Bulian ist ja, dass Natur und Mensch darin nicht getrennt erscheinen. Die Menschen habe die Natur in sich aufgenommen und erfahren sie als Teil ihrer selbst.

Auch in Europa gibt es eine Bewegung von Menschen, die wieder mehr spüren und verstehen möchten von ihrer natürlichen Umgebung. Sie wenden sich zum Beispiel an den englischen Naturforscher Tristan Gooley, der ihnen hilft, die vielfältigen Signale einer Landschaft zu entziffern. Warum bleibt ein Vogel aus einem Spatzenschwarm oben auf einem Baum sitzen, während die anderen unten nach Nahrung suchen? (Weil er eine Wächterfunktion übernimmt.) Warum wachsen die pyramidenförmigen Blüten einer Rosskastanie nicht gerade nach oben, sondern schräg zur Seite? (Weil von dort das Licht einfällt.) Wer seine Wahrnehmung schärft und solche Signale richtig entschlüsselt, der erlebt, wie Gooley es ausdrückt »eine tiefe Einsicht, die oftmals mit Euphorie einhergeht«.

Zu spüren, wie in der Natur alles zusammenhängt, erfüllt ein tiefes Bedürfnis des westlich geprägten Menschen unserer Zeit. Es ist das Bedürfnis nach »Religio« im ursprünglichen Sinne des Wortes: nach Rückbindung an etwas Größeres, Höheres. Wer Momente der Resonanz mit der Natur erlebt, greift oft zu Begriffen wie »erhaben« oder »göttlich«. Das wirft ein Schlaglicht auf den tiefen Keil, den Rationalismus und Aufklärung in den Menschen hineingetrieben haben. In bester Absicht und mit vielfältigem Gewinn haben sie dazu aufgerufen, das Naturwesen Homo sapiens in erster Linie als vernunftbegabt anzusehen. Aber genau daraus ergibt sich das Dilemma des modernen Menschen: All der Fortschritt und Komfort, die niemand missen oder zurückdrehen möchte, beruhen doch auf einer Abspaltung seiner Instinkte und seiner Verbindung zur Natur. Seit der Aufklärung verlieren wir Stück für Stück unsere inneren Landschaften.

Das Gute ist: Wir können einen Teil davon zurückgewinnen. Dazu müssten wir nicht viel tun. Wir müssten nur den Windhauch auf der Wange wahrnehmen; das Gefühl, dass Regen kommt; die Unruhe, wenn eine Böe zupackt.

Gerade Regen weist den Weg zurück zum alten Wissen über die Natur und zu einer anderen Rolle des Menschen in der Natur. Wenn es uns gelingt, den Regen jenseits aller Klischees zu deuten; wenn wir ihn nicht mehr als Zumutung erleben, sondern als geschwisterlich mit uns verbunden; wenn wir den Regen zu einem Teil unserer inneren Landschaften machen; dann können wir beginnen, uns wieder aufgehoben zu fühlen in den natürlichen Kreisläufen der Erde. Das wäre ein winziger Schritt zur Versöhnung der Problem-Gattung Mensch mit dem Planeten, der sie trägt und nährt.

Regenmusik

Aus dem Gully erklingt ein Sopran • Chopin lässt die Tropfen schwingen • Es kracht bei Liszt • Das Regenorchester spielt auf mit Triangel, Xylophon und Donnerpauke • Wagner reitet auf Sturmwellen • Ein Berggewitter wird zur Sinfonie • Adorno bestellt eine Regenmusik • Ein Popstar macht sich zur Regengöttin • Der übliche Verdächtige gewinnt die Regen-Revue •

Regen-Töne

Je länger ich den Geheimnissen des Regens auf der Spur bin, desto mehr verändert sich meine Wahrnehmung. Zwischen den Geräuschen zweier vorbeifahrender Autos dringt plötzlich ein Glucksen an mein Ohr. Ein heller, munterer Ton ist das, fast ein Klingeln, er kommt aus dem Rinnstein. Regenwasser hat sich gesammelt und einen glitzernden Strom gebildet, der sich bündelt, bevor er in einem Kanalgitter verschwindet. Was ich höre, ist der Sopran des ablaufenden Wassers, ein Abschiedsgruß des Regens, bevor er in den Tiefen der Kanalisation verschwindet.

Am nächsten Gully erkenne ich ihn wieder, den Regen-Sopran. Er wird noch eine Weile zu hören sein, der Regen fällt kräftig. Wenn die schwere Wolke weitergezogen ist, wird Vogelgesang die Stimme des Wassers begleiten.

Anmerkung: Eine Playlist mit den meisten der in diesem Buch, speziell in diesem Kapitel erwähnten Musikstücke und Songs finden Sie bei Spotify in der Playlist »Regenmusik«.

Frédéric Chopin

Wie gehen Musiker mit den Tönen und Rhythmen des Regens um? Ich denke an das Soul-Stück »I can't stand the rain«, einen Ohrwurm, den Tina Turner berühmt gemacht hat. Das Stück beginnt mit einer aufsteigenden Tonfolge, die auf einem Xylophon gespielt wird. Man braucht nicht viel Phantasie, um darin Regentropfen zu erkennen, die aus einer defekten Dachrinne auf eine Fensterbank fallen.

»Zuerst musst du Chopin hören«, sagt eine Freundin, »Regentropfen-Prélude«. Tatsächlich, da tropft es mächtig, denke ich beim Anhören. Allerdings: Ausgerechnet das berühmteste aller Regentropfen-Stücke sollte nach Meinung seines Schöpfers partout keines sein.

Die Namensidee stammt nicht von Frédéric Chopin (1810–1849) selbst, sondern von seiner Lebensgefährtin, der Schriftstellerin Georges Sand. Das Stück entstand im Winter 1838/39 in Valdemossa auf Mallorca, wo die beiden mit den Kindern von Georges Sand ein ehemaliges Kloster bewohnten. Georges Sand beschreibt das Zusammenleben im Anhang zu ihrem Reisebuch »Ein Winter auf Mallorca«.

Chopin arbeitet damals an Préludes, kleinen Stücken, die später als sein Opus 28 zusammengefasst wurden. Eines davon durchsetzt er mit Ostinati, das sind Einzeltöne, die in einem bestimmten Rhythmus wiederholt werden – penetrant wie Regentropfen, die auf Dachziegeln oder einer Fensterbank aufkommen.

Als Georges Sand an einem stürmischen Regentag abends von einem Ausflug ins Dorf zurückkehrt, findet sie Chopin in katastrophaler Stimmung am Klavier. Er fühlt sich von allen guten Geistern verlassen, sitzt weinend da, halluziniert Wassertropfen, die ihm direkt auf die Brust fallen. Als er ihr seine neue Komposition vorspielt, weist Sand ihn auf die Ähnlichkeit der Ostinati mit den Regentropfen auf dem Dach hin. Chopin aber lehnt diese Interpretation verärgert ab, behauptet, die Tropfen gar nicht gehört zu haben, und überhaupt – mit tonmalerischer, nachahmender Musikdichtung will er nichts zu tun haben.

Dennoch schreibt Sand später über diese Episode: »Seine Komposition an diesem Abend war voller Regentropfen, die von den Dachziegeln her ertönten, aber von seiner Imagination und in seinem Stück übersetzt wurden in Tränen, die aus dem Himmel herab auf sein Herz fielen.« Heute ist das Stück als Opus 28, Prélude Nr. 15 in Des-Dur mit dem Zusatz »Regentropfen« berühmt.

Vielleicht ist es gar nicht der eingewobene Regentropfen-Rhythmus, durch den das Stück hervorsticht. Es hat eine starke atmosphärische Ausstrahlung, im Grundton düster, sogar beklemmend. Ich kann mir beim Hören gut vorstellen, wie der geniale Musiker mit seiner schwachen Gesundheit kämpft, wie sehr er unter seinen depressiven Stimmungen leidet. Da fühlt sich jemand eingeschlossen, abgeschieden von der Welt – vielleicht ein Grund, warum Prélude Nr. 15 auch während des ersten Corona-Lockdowns im Frühjahr 2020 häufig gespielt und gestreamt wurde.

Regen-Musik

Gestern ein sehr heißer Tag, bis 30 Grad. Heute nachmittag Wolken, es wird kühler. Ich sitze abends auf dem Balkon. Während ich im allerletzten Tageslicht noch etwas lese, fallen plötzlich dicke Tropfen auf die Buchseiten. Mit der Dämmerung muss sich eine regensatte Wolke über mich geschoben haben.

Ich gehe nach drinnen, stehe am offenen Fenster, höre: ein Knistern, ein helles Rauschen, ein dunkles Rauschen, ein Trommeln. Dann setzt ein Glucksen in hoher Tonlage ein. Von der Straße her meine ich ein rhythmisches Plätschern zu hören.

Je länger ich lausche, desto mehr höre ich – Musik. Da klingt etwas, ohne zu erklingen. Kein einzelnes Musikstück, sondern sphärische Klänge. Ein weit gespreizter, stehender Akkord, in dem viele Musikstücke aufgehoben sein könnten. Dann meine ich, in dem Akkord feine Rhythmen wahrzunehmen, eingewebte Muster, die diesen Universalklang pulsieren lassen. Ich denke an Minimal Music, Künstler wie John Cage und Philipp Glass, die unsere Aufmerksamkeit von der Melodie auf die wiederkehrende innere Struktur einer Musik gelenkt haben.

Dann erst fällt es mir ein: Gamelan, die klassische Musik der indonesischen Insel Bali. Sie war eine Inspiration für die Schöpfer der Minimal Music. Hat vielleicht der tropische Regen die Entstehung der Gamelan-Musik inspiriert?

Draußen beginnt jetzt alles zu leuchten, Dunst zieht über die Gärten. Auf dem Garagendach, das sich eben noch im Nachtgrau auflöste, bildet sich eine Pfütze. Je mehr Regenwasser die Dachpappe auf sich versammelt, desto mehr Licht fängt die Pfütze ein. Sie spiegelt die Strahlen der Straßenlaterne, 50 Meter entfernt, zu mir hinauf – und auch diese dunkelgelben Lichtstrahlen pulsieren wie die Regenmusik. Schwere Tropfen bringen den Pfützenspiegel ins Schwingen.

Überall, wo sich jetzt Wasser sammelt, erzeugt der Regen auch optisch Bewegung, sogar im dunklen Garten. Hier und da fängt ein tropfenbehangener, schwingender Grashalm das Licht einer Laterne ein und sendet es als Lichtblitz zu mir. Der Garten beginnt zu dampfen, als schütte jemand aus einer riesigen Gießkanne kaltes Wasser auf eine warme Oberfläche.

Ein Dunstschleier entsteht, mit dem Aromen zu mir aufsteigen. Es riecht nach: Sauerampfer, Erde, Gras. Ich denke an die Rhythmen der Vegetation. Wo Wasser, Erde und Pflanzen zusammenkommen, da ist Fruchtbarkeit und Nahrung, da wird etwas lebendig und kann zur Fülle reifen. Regen macht satt.

Die eigenartige Harmonie der Regenmusik, die schwingenden Lichtblitze, die Rhythmen der Natur. Ich schlafe ruhig und tief in dieser Nacht, wie eingebettet in den Klang des Werdens und Vergehens.

Franz Liszt und das Gewitter

Chopin wollte mit Tonmalerei nichts zu tun haben. Wären alle Komponisten so zurückhaltend gewesen, dann würde meine Suche nach Regen-Motiven in der klassischen Musik hier enden. Aber es ist gerade umgekehrt. Manche Komponisten hatten Freude daran, mit ihren Noten Wetterbilder zu malen.

Das gilt nicht nur für Antonio Vivaldi mit seinen berühmten »Vier Jahreszeiten«: Es gehört nicht viel Fantasie dazu, in seinem »Herbst« die Blätter fallen und den Sturmwind wehen zu hören. Gerade dramatisches Wetter hat auch spätere Komponisten inspiriert. Sie hatten nichts gegen Programmmusik, wie Musikwissenschaftler die Tonmalerei nennen.

Franz Liszt etwa führt in seinem Stück »Orage« (Gewittersturm) ein Gewitter auf. Was draufsteht ist auch drin: Ich kann den Verlauf des Wetterereignisses ohne Mühe mitverfolgen, es klingt wie die Musik zu einem Stummfilm. Aufsteigende und absteigende Läufe erzeugen eine dramatische Stimmung und fordern selbst Profis technisch heraus.

Ganz anders funktioniert Liszts wunderbares Stück »Nuages gris« (Graue Wolken). Es beginnt mit einer langsamen, eindringlichen Tonfolge und öffnet sich erst nach rund eineinhalb Minuten, der halben Spielzeit, zu komplexeren Akkorden. Um bald wieder zu verstummen, oder besser: zu verfliegen. Zurück bleibt eine gedämpfte Stille, und man meint, im Verhallen der letzten Töne ein paar nachzügelnde Regentropfen im Gesicht zu spüren.

Das Regen-Orchester

Ein Sommerabend. Wir sitzen unter einem schmalen Vordach, als plötzlich jemand das Licht ausschaltet. Eine Wolkenfront hat sich von hinten übers Haus geschoben. Binnen Sekunden sind alle Vogelstimmen verstummt. Es wird beunruhigend still. Das Wort »Verdammnis« kommt mir in den Sinn.

120

Dann die ersten Tropfen: dezent, aber raumgreifend.. Ein Schlagzeugtakt, der verhaltene Auftakt zu einem Miles-Davis-Stück, in dem es bald sehr energievoll und sehr traurig zugehen wird. Ein Blitz fährt mir in die Gedanken, ich zucke zusammen und zähle bis zum Donnerschlag – von »einundzwanzig« bis »achtundzwanzig«. Sieben Sekunden, nur gut zwei Kilometer entfernt hat die Entladung stattgefunden. Dann wird es jetzt richtig losbrechen.

Doch der Schlagzeugtakt aus klackernden Tropfen verstummt. Das Stück gönnt sich eine lange Pause, das Publikum blickt fragend zur Bühne. Dann rollt ein Rauschen übers Land, direkt auf uns zu. Es kommt von den Dächern, von den Blättern der Bäume, sogar aus dem Gras. Es sind eher dumpfe Töne, die von tausenden kleinen Tropfen stammen. Jetzt setzt ein Klingeln ein – die Regenrinne über uns spielt die Triangel im Regenkonzert. Wieder anders klingt das Regenrohr, als das herabschießende Wasser in ihm gluckst.

Auf dem Dach formt sich aus dem Rauschen ein Trommeln. Große Tropfen schlagen auf die Ziegel und schwingen kaum hörbar nach. Mitten im anschwellenden Gewitterschauer sitzen wir wie im Konzertsaal, während das Orchester die Instrumente stimmt. Da zupft der Bass – das ist das Gluckern im Gully. Dort plätschert Wasser durch eine steinerne Rinne – die Harfe? Das Grollen der Donnerpauke rollt jetzt lange nach, die Blitze scheinen sich über eine weite Strecke hinzuziehen. Eben noch war das Gewitter direkt über uns, dann dauerte es sechs Sekunden vom Blitz bis zum Donner, bald darauf 17, schließlich 25 Sekunden. Das schwere Wetter rauscht auf die nächste Gebirgskette im Südosten zu.

Noch bevor die letzten Töne verebben, setzen die Vögel wieder ein. Der Tag kehrt noch einmal alle Helligkeit zusammen, ein letztes bisschen Sonne strahlt schräg über die Gärten. Die Luft schmeckt wie der erste Atemzug nach einem Abend im Konzertsaal.

Richard Wagner

Dass Wagner ein Faible für dramatisches Wetter hatte, ist sogar mir als Nicht-Wagnerianer geläufig. Also steige ich für einen kurzen Ausflug in das Schiff des »Fliegenden Holländers« und fahre mit ihm durch die Lüfte. Die Stelle in der gleichnamigen Oper, an der Wagner das Geisterschiff zum ersten Mal aufkreuzen lässt, ist zugleich die berühmteste unter Wagners Wetter-Szenen. Aus dem Sturm taucht der Verfluchte auf.

Man hört die Wirbelwinde, das Tosen der Elemente, die himmlische Sausefahrt. Beim Hören vermute ich, dass Wagner solches Wetter einmal selbst erlebt haben muss – und liege richtig: Seine Beschäftigung mit dem Stoff »fliegendes Geisterschiff« geht auf eine dramatische Seereise zurück, die er 1839 unternahm. Seine Anstellung in Riga hatte er verloren, vor seinen Gläubigern musste er fliehen, und so fuhr er zwei Wochen auf einem Segelschiff über die Ostsee nach London – ein stürmischer Wellenritt.

Ich befrage einen Wagner-Kenner zum Thema Wetter und bekomme aus dem Stand mehr als zehn Stellen genannt. Da wären Blitz, Donner und Regen am Ende der Oper »Rheingold«, mitsamt einem Regenbogen, über den die Götter ins neu erbaute Walhalla schreiten. Der Walkürenritt auf dem Sturm. Oder der Beginn des »Tristan«, wo Isolde »Frisch weht der Wind der Heimat zu« singt und ein innerer Sturm sich andeutet, der schon den Hauch von Verderben in sich trägt. Kurz: Wagner nutzte die Kraft der Wettergewalten und den Zauber der Wetterstimmungen nur zu gern für sein dramatisches Musiktheater. Die einen sind begeistert, anderen ist das alles zu viel Wagner.

Berggewitter

Ich breche früh auf, als die Bergketten noch in den Wolken liegen. Die üppige Wiese am Dorfrand ist besoffen vom Regen der Nacht. Weiße Kräuterblüten, darüber Obstbäume, im Hintergrund quillt eine Wolke aus dem Tal empor. Den Kirchturm hat der Nebel verschluckt. An einem straff gespannten Zaundraht hängen dicke, weißlich schimmernde Tropfen, mal als Paar nebeneinander, dann zu dritt im gleichen Abstand, anderswo mit größeren Lücken. Wie Noten einer Partitur. Dieses Stück würde ich gern hören.

Der Pfad führt bergauf. Dünne Wolkenschwaden ziehen sich durch die Baumspitzen wie Zuckerwatte durch einen struppigen Bart. Wenn der Blick nach oben frei ist, zeichnet sich die letzte Reihe Bergtannen als Zackenkette vor Felswänden ab.

Nach einer halben Stunde bricht die Sonne durch, Bewegung kommt in das Wolkenschauspiel, bald liegt die gegenüberliegende Talseite frei. Zuerst nur ein Stück Felswand, später ein Geröllfeld, eine Gletscherzunge. Es sieht aus, als würde eine riesige Hand die Wolkenfetzen nach oben kämmen, zur Sonne hin. Als ich eine Wiese überquere, geht ein Schatten neben mir, blauer Himmel strahlt über strahlenden Schneefeldern. Starker Regen ist angesagt – er wird noch kommen.

Das Wasser der Nacht ist noch da, es fließt am Berg, im Berg, durch den Berg. Ich überquere einen Bach, der sich in drei Stränge teilt und wieder zusammenfindet, vibrierend vor Lebendigkeit. Über so viele Stufen fließt das Wasser zu Tal, in so vielen Formen und Zuständen zeigt es sich: als starke, dunkle

Strömung, helles Rinnsal, stürzender Strahl, Gischt, Nebel über einem Felsbecken. Ein Bergbach nach einer Regennacht – da liegt immer ein Hauch von Geburt und Taufe in der Luft.

Als ich eine Wiese überquere, weht mich plötzlich Kälte an. Im gleichen Moment schwindet das Licht, ein rauer Wind stößt zwischen zwei Felsen hervor. Über mir ist die Wolkendecke schon fast dicht. Hier liegen nur Sekunden zwischen Dolce Vita und Hochgebirge.

Die kompakten Wolken sinken rasch, was mich beunruhigt. Ich beeile mich, zu einer Almhütte zu kommen, sie hat geschlossen, aber ich kann mich unterstellen – und zusehen, wie im Tal das Licht ausgeht. Vor einer Minute sah das noch nach beginnender Dämmerung aus, jetzt scheint schon die Nacht zu kommen. Düstere Wolkenschwaden ziehen über die Wiese vor mir, verdichten sich, umhüllen den Baum in 30 Metern Entfernung, dann den mannshohen Felsbrocken zehn Meter vor mir.

Es wird kurz heller, gleich wieder dunkler, als würde ein Kind am Dimmer spielen. Jetzt setzt der Regen mit einem Windstoß ein. Er fällt dicht. Die Holzdielen der Terrasse vor meinen Füßen sind im Nu dunkelgrau. Ich schrecke auf: ein Blitz, zwei Sekunden später der Donner. Der Regen nimmt jetzt an Stärke zu, prasselt auf das Dach. Es donnert noch zweimal, dann regnet es sich ein, die Holzbohlen vor mir glänzen, Pfützen bilden sich an den ausgetretenen Stellen. Die Welt ist verschwunden. Der Regen verdoppelt seine Kraft.

Richard Strauss

Sturm und Gewitter in den Bergen – das hat eine besondere Kraft. Der Komponist Richard Strauss ließ sich davon nachhaltig beeindrucken. In seiner »Alpensinfonie« trieb er die Tonmalerei auf die Spitze. Das Publikum reagiert bis heute oft mit stürmischem Beifall. Die Komposition vertont, was Strauss bei einer Bergwanderung erlebt hat. Es ist der Versuch, seine Naturerfahrung mit den Mitteln der Musik nachzuzeichnen und dramatisch auszugestalten.

Als 14-jähriger verirrte sich Strauss bei einer Bergtour derartig, dass er zwölf Stunden lang durch Regen und Sturm den Weg nach Hause suchte. Am nächsten Tag setzte er sich an sein Instrument. Er habe »die ganze Partie auf dem Klavier dargestellt«, schrieb er einem Freund – »natürlich riesige Tonmalerei und Schmarrn«. Bei dieser distanzierten Haltung beließ es Strauss aber nicht. Er trug den Stoff mit sich herum und vollendete 1915 – mit über 50 Jahren – seine Alpensinfonie, die viele Zuhörer gerade durch ihre naturalistischen Effekte begeistert. Eine sommerliche Bergwanderung wird in ihrem ganzen Verlauf lebendig: Nach dem anstrengenden

Aufstieg und dem feierlichen Gipfelmoment kommt ein Gewitter auf. Blitz und Donner könnten kaum realistischer intoniert sein, die Streicher und der Paukist haben jede Menge zu tun. Das Drama eines Regensturms im Hochgebirge durchzieht jeden Takt. Man meint sogar die Flucht des Bergsteigers aus der gefährlichen Felszone wie im Film mitzuerleben. Es geht hochdramatisch zu – bis das Gewitter abzieht, die letzten Tropfen gefallen sind und eine geläuterte Ruhe einkehrt.

Nach dem Sturm

Das Berggewitter zieht ab. Nach einer guten halben Stunde kommt das Licht zurück, dann versiegt der Regen. Ich gehe weiter, in den dampfenden Bergwald hinein. Die Bäche rauschen mit einer beängstigenden Energie in die Tiefe. Einer stürzt, breit aufgefächert, zehn Meter über einen Vorsprung hinab und schiebt dabei einen eisigen Luftzug vor sich her. Sprühnebel legt sich auf meine Jacke Der nächste überspült fast eine Brücke, die den Fußgängerweg sichert, ich komme gerade noch trockenen Fußes hinüber.

Der Bergwald hat das Wolkenwasser eingesogen – mit seinen Moosen, Gräsern, seinem Unterholz – und in ein noch intensiveres Grün verwandelt. Dunstfetzen verfangen sich in den Zweigen. Ich muss ständig aufpassen, dass ich nicht ausrutsche. Und genieße doch jeden Schritt.

Hanns Eisler

Wagner und Strauss haben mich auf eine neue Spur gesetzt. Dramatische Szenen mit Musik unterlegen? Tonmalerei, die Bilder mit Stimmungen versieht? Das kenne ich doch, und zwar aus der Filmmusik – speziell aus der Begleitmusik zu Stummfilmen.

Der Gedanke bringt mich mit einem Musiker in Kontakt, um den ich lange einen Bogen gemacht habe, mit Hanns Eisler, dem genialen, aber für meine Ohren recht sperrigen Komponisten. Am nächsten war mir noch seine Vertonung der »Kinderhymne« von Bertolt Brecht (aus der Musik wurde später die DDR-Nationalhymne). Von den Nazis vertrieben, lebte Eisler 1941 in New York. Dort kam ein anderer deutscher Exilant auf ihn zu, Theodor W. Adorno, um ihn für ein Projekt zur Filmmusik zu gewinnen. So entstand eine hörenswerte Stummfilm-Musik.

Ich sehe mir den Kurzfilm »Regen« des Niederländers Joris Ivens zuerst ohne Eislers Musik an. Der 1929 veröffentlichte Film lebt von der emotionalen Kraft seiner Regenbilder. Vom Aufzug der ersten Wolken bis zum Licht nach dem Schauer zeigt er, wie sich das Leben in Amsterdam bei Regen verändert. Ivens arbeitet bezaubernde Details heraus: bewegte Spiegelungen auf dem Wasser der Grachten, das Aufklappen eines Schirms, die Stirnfalten einer Frau, die sich geduckt in die Straßenbahn rettet.

Jetzt flimmern die zwölf Minuten »Amsterdam im Regen« noch einmal über meinen Bildschirm, diesmal begleitet von Eislers »Vierzehn Arten, den Regen zu beschreiben«, einer Kammermusik, die immer eng an den Bildern entlangführt. Tatsächlich verstärkt Eislers Musik den Zauber der Bilder. Das Phänomen Regen erscheint in noch mehr Gestalten, Rhythmen und Stimmungen, es gewinnt an Tiefe und Dynamik. Eisler scheint es regelrecht Freude bereitet zu haben, nach den Bildern zu komponieren, von der tröpfelnden Dachrinne bis zum hupenden Automobil. Als Gesamtwerk gehen die »Vierzehn Arten« dennoch weit über eine Illustration des Sichtbaren hinaus, sie erfüllen das Thema mit Leben. Verspielt, tänzerisch klingt das Stück, zugleich aber alltagsnah. Das ist schön zu hören – und das genaue Gegenteil einer Dramatisierung à la Wagner. Der vertonte Alltagsregen rührt mich am Ende mehr an als das Sturmgetöse bei Wagner und Strauss.

Tatsächlich wird Eislers Stück heute nur selten zusammen mit den Bildern aufgeführt, an Hand derer es entstanden ist. Es hat sich einen eigenen Platz als kammermusikalische Komposition erkämpft. Eislers Tonmalerei sorgt dafür, dass sich am Ende alle Bilder erübrigen.

Dellen und Riffeln

Morgens beim Aufwachen Sonne, blauer Himmel, ein Leuchten. Das Gefühl, den Winter überstanden zu haben. Den wievielten? Wie viele noch? Fragen schweben so leicht davon, wie sie gekommen sind. Beim Frühstück jagen Wolkenbänder über den Himmel, in der Ferne gehen Regenschwaden nieder.

Der 1. März, meteorologischer Frühlingsanfang. Eine energiegeladene Phase beginnt, eine Schwellenzeit. Erstmals wird Wärme spürbar. Mittags sind es plötzlich zwölf Grad, ich setze mich für einen Moment in die Sonne. Vogelstimmen überall – einzelne Tonfolgen erklingen wieder und wieder.

Der Wind zeichnet abstrakte Kunst auf den Fluss. Wenn ich von den Wellen, Dellen und Riffeln auf den Wind zurückschließe, kann ich die Böen sehen, als wären sie bunt eingefärbt.

Später laufe ich unbedarft auf eine Überschwemmung zu. Der erste Frühlingsregen hat den Fluss anschwellen lassen, Wasser bedeckt den Weg. Ich weiche aus über einen Hügel, schaue in ein lebhaftes Wolkenspiel mit tief segelnden Dickschiffen und, weit darüber, kunstvoll gemusterten Cirrus-Bändern. Die Luft flirrt.

In rascher Folge wechseln sich jetzt Sonne, kurze Regengüsse und schwere Böen ab. Eben noch hat es auf die Schindeln getrommelt. Jetzt erstrahlen an den Dachrinnen einzelne Tropfen im Gegenlicht.

Regen und Pop

Praktisch alle, denen ich von meinem Regen-Buch erzähle, geben mir Songs mit auf den Weg – Popsongs, Lieder, Chansons. Jeder hat irgendeine Zeile und eine Melodie zum Thema Regen im Kopf. Der eine trällert den Gassenhauer des niederländischen Schlagzeugers Max Werner (»Feel the soft warm spray of the rain in May«). Die zweite sagt einen Text von Reinhard Mey auf – wie ein Gedicht und mit einem Hauch von Lagerfeuer-Romantik in der Stimme: »In den Pfützen schwimmt Benzin, schillernd wie ein Regenbogen ... «

Der dritte Gesprächspartner singt lauthals los, als ich das Stichwort »Regen« gebe: »Weine nicht, wenn der Regen fällt, damm damm, damm damm!« Drafi Deutscher macht glücklich, nicht nur beim Schlager-Festival, und er hat uns ein Regen-Rätsel hinterlassen: Was bedeutet eigentlich »damm, damm«? Imitiert er Regentropfen auf der Fensterbank? Warum brüllt er dann so? Meine Theorie: »Damm damm« imitiert den Donner, der Drafi Deutschers Regen begleitet.

Auch Rudi Schuricke mit seinen »Regentropfen, die an mein Fenster klopfen« taucht auf, Dalida (»Am Tag als der Regen kam«) und sogar die Toten Hosen mit ihrem Plädoyer für »Feiern im Regen, tanzen bis sieben«.

Eine Übersicht über Wetterthemen in Pop und Schlager ist nicht aufzutreiben, aber eines haben Forscher ermittelt: Von den rund 500 Songs, die Bob Dylan sang und schrieb, enthalten mindestens 163 Wetterbezüge – man denke nur an »Blowing in the Wind«.

Man könnte sich zu der These versteigen, dass Pop so etwas wie das Wettergespräch unserer Kultur ist: leicht, zufällig, belanglos wie eine Bemerkung zum Regen. Mit »Rain« und »Regen« lässt sich gut texten, da fallen einem Reimwörter zu wie Regentropfen. Und irgendein oberflächliches Gefühl wird sich noch in jede Regenstimmung hineindichten lassen. Aber das wäre kurzsichtig. Mich fasziniert, was die populäre Musik aus dem schillernden Phänomen Regen macht. Schauen wir uns den Song »I can't stand the rain« noch einmal näher an. Die Soul-Sängerin Ann Peebles trug ihn 1973 zuerst vor. Den Titel-Satz hatte sie vor sich hingesprochen, als die drei zusammen ausgehen wollten und der Regen von außen gegen die Scheibe trommelte.

Nicht rauskönnen, eingeschränkt, eingeschlossen sein – eine gruselige Vorstellung (ich denke an Chopins Regen-Depression). Noch in jeder der unzähligen

Cover-Versionen dieses Songs ist der ursprüngliche Widerwille von Ann Peebles zu spüren. Aber während man noch an Kälte und Nässe denkt, nimmt der Song schon in Zeile zwei eine geniale Wendung: »I can't stand the rain against my window, bringing back sweet memory.« Nicht das Draußen ist das Schlimme, sondern die Erinnerung an ein Drinnen, ein intensives Zusammensein, eine Liebesnacht. Ein Drinnen, das nie wiederkommt. Ein Paar, das nicht ausging, sondern sich zurückzog von der Welt, ganz bei sich war. Davon singt hier eine kraftvolle Alt-Stimme, in der Wut und Sehnsucht vibrieren. Der Lover, mit dem sie die wunderbare Regennacht erlebte, ist fort. Bei diesem Song verstehe ich, was ein Verflossener ist.

Abscheu, Beklemmung, Begehren: eine Liste der menschlichen Regen-Gefühle ließe sich fast unendlich fortschreiben. Offenbar bringt Regen etwas in uns zum Schwingen. Pop ist ein emotionaler Resonanzraum – kein Wunder, dass soviel vom Regen gesungen wird. 45 Jahre nach »I can't stand the rain« tanzt sich eine junge Frau frei von den Zwängen eines Gala-Empfangs, entkommt unterkühlten Gesprächen und sogar ihren Bodyguards, findet den Weg hinaus – in den strömenden Regen. So erzählt es die Pop- und Country-Sängerin Taylor Swift in ihrem 2018 veröffentlichten Video »Delicate«. Allein im Regen geht es ihr immer noch am besten. Die offenkundige Botschaft: Ich bin ein naturverbundener Popstar.

Das Regen-Motiv begleitet Taylor Swift schon lange. Bei ihrer »Fearless«-Tour im Jahr 2010 wabern Wolken im Hintergrund, während sie ihren Song »Should have said no« live aufführt. Beim Finale setzt sie die Bühne grandios unter Wasser, ein tropischer Guss zerstört ihr Styling – und weist so einen Weg aus dem emotionalen Chaos, das ein Seitensprung ihres Lovers angerichtet hat. Am Ende kniet die Sängerin im läuternden Wasserstrom von oben. Wie eine Regengöttin segnet sie ihr Volk mit weit ausgebreiteten Armen, demütig und machtvoll zugleich.

Ehrfurcht ergreift mich, als Taylor Swifts Regentechniker in der Schlussszene ein exquisites Kunststück vollbringen: Für einen winzigen Moment schreiben sie in die herabsinkenden Regenfäden das Schlüsselwort des Songs ein: »WHY«.

Winterböen

Winterwind wirft seine nassen Böen gegen das Dach. Letzte Nacht hat es noch gefroren, jetzt steigt das Thermometer um etwa ein Grad pro Stunde. Ein Frontensystem führt einen schweren Schauer nach dem anderen heran. Die dicken Tropfen sind mit bloßem Auge zu erkennen, ich muss dazu nicht einmal auf einen dunklen Hintergrund schauen. Filmtechniker wären begeistert, aber als ich für eine Erledigung rausgehe, ziehe ich Kopf und Schultern ein. Kein Tag für lange Ausflüge.

Ein Tag für einen Sessel mit Blick in den Himmel. Ein Tag für eine gute Playlist. Ein Tag für innere Wärme, wie nur Popsongs sie schaffen können. »Just walking in the rain«, singt Johnnie Ray, »getting soaking wet«. Warum tut er sich das an? Weil es zu seiner Trauer über eine zerbrochene Liebe passt. Herzensqualen im Regen – heute der Soundtrack meiner Behaglichkeit. Als nächstes höre ich Rihanna: »Now that it's raining more than ever, know that we'll still have each other – you can stand under my umbrella.« Ein Tag, um sich mit seiner oder seinem Liebsten unterm Schirm zu verstecken.

Die Regen-Revue

Ich höre mich durch die Geschichte der Pop-Musik und stelle fest: Sie ist voll von solchen hoch emotionalen Regen-Momenten. Im Regen schwimmen Hunderte Gefühlsnuancen mit. Einige der Songtexte feiern Nähe und Geborgenheit, andere singen ausgelassen und lustvoll vom Regen; wieder andere tieftraurig, auf der Suche nach Heilung, Vergessen, Vergebung – oder gar Sündenerlass.

Regen, das Fluidum der Gefühle. Eigentlich erstaunlich, dass noch niemand eine Regen-Revue mit den schönsten Songs zusammengestellt hat. Das würde ein bezaubernder Abend. Ich stelle mir vor, wie ich im Feierabendverkehr durch das verregnete Manhattan gehe, aus der 50sten Straße in den Broadway einbiege und seinem eleganten Bogen nach Norden folge. Ich trällere »Raindrops keep fallin' on my head« und freue mich am Glitzern der tausend Lichter auf der nassen Straße. Vor dem Broadway Theatre halten gelbe Taxis, Schirme werden zugeklappt, es herrscht eine aufgekratzte Stimmung. Alle Gäste sind gut drauf, denn sie mögen Regen. Sonst wären sie nicht hier: zur ersten Regenrevue der Popgeschichte.

Ich sitze mitten drin und freue mich, als der Moderator gleich zu Beginn unter Jubelrufen die Bühne unter Wasser setzt und zehn verschiedene Regenarten vorführt. Dann stellt er auf »New Yorker Nieselregen«, das Bühnenbild wechselt auf »späte fünfziger Jahre« und der junge Chet Baker betritt die Bühne. Nein, natürlich nicht er selbst, der begnadete Jazzkünstler starb 1988; ein Schauspieler erweckt ihn mit Talent und Hingabe zum Leben.

Chet Baker singt mit dem verwehten Hauchen in der Stimme, das ihn berühmt gemacht hat, und spielt Trompete in der verletzten Art seiner späten Jahre. Sein Song handelt von der großen Traurigkeit nach einer Trennung. »I get along without you very well, except when soft rain falls and drips from leaves, then I recall the thrill of being sheltered in your arms.« Ach, wenn weicher Regen fällt – das Publikum will Baker gar nicht wieder gehen lassen.

Plötzlich strahlen Scheinwerfer auf, Stimmungswechsel. Buddy Holly geht im energischen Rock'n Roll-Step zu seinem Mikro, singt dann aber doch eher getragen. Auch er will vergessen. Regen soll die Erinnerung fortspülen. Denn bei gutem Wetter gibt das gequälte Herz keine Ruhe: »The weather man says ‚clear today', he doesn' know you've gone away. And it's raining, raining in my heart.«

Der Mann mit dem Regen im Herzen lässt gerade den letzten Akkord verklingen, da stapfen schon drei energische Damen auf die Bühne. Auch die Ronettes sind tieftraurig, weil ihnen der Liebste abhanden gekommen ist, aber sie haben noch Hoffnung, ihn bald wiederzusehen: »Walking in the rain«, singen sie, »and wishing on the stars up above, and being so in love.« Mit Blick zu den Sternen und einem wunderbaren »Oh Oh Oh Oh Oh Oh« verlassen sie die Bühne.

Mein Sitznachbar spricht mich an: Ob ich diese Nummer von den Temptations kenne: »I know to you it might sound strange, but I wish it would rain«, trällert er vor sich hin. »Ja, schön«, sage ich, da singt er schon wieder: »Rain down over me, just rain down on me.« – »Phil Collins«, sage ich, »circa 1990«. – »Merken Sie was?«, fragt er und sieht mich mit merkwürdig leeren Augen an: »Wir alle brauchen den Regen für unsere Songs.« Die Leute hinter uns beschweren sich, ich wende mich nach vorn, wundere mich über diesen skurrilen Typen neben mir, offenbar selbst Musiker, und über seinen eigenartigen, schwer verständlichen Slang.

Der Moderator ruft jetzt den Songwettbewerb aus. Mit einer Publikumsabstimmung am Schluss soll »der beste Regensong der Popgeschichte« gewählt werden. Ray Charles tanzt auf die Bühne und bringt mit »Come rain or come shine« Bewegung ins Publikum. Gleich darauf kreischt eine E-Gitarre durch den Saal. Auf der Bühne lümmelt Jimi Hendrix auf einem Sofa herum. Hinter Loft-Fenstern schüttet es, Jimi bleibt zu Hause, spielt ein paar Riffs und singt: »Rainy day, dream away, let the sun take a holiday.« Jetzt kippt er vor lauter Relaxtheit nach hinten in die Kissen. Very laid-back, dieser Song.

Das mögen die New Yorker, sie fühlen sich an die wunderbaren Regenstimmungen in ihrer Stadt erinnert, an einen diesigen Sonntagmorgen im Central Park und träge Wolken überm Hudson River. Aber jetzt ist Schluss mit Wegdämmern: Die Weather Girls stürmen auf die Bühne und zeigen, dass man in Regenstimmung auch feiern kann. »It's raining men! Hallelujah!« Jede Art Männer regnet es in ihrem Song: große, blonde, dunkle und schlanke, »rough and tough and strong and mean«. Sogar gemein dürfen sie sein, die Männer, Hauptsache, es gibt eine stattliche Auswahl.

Viele im Publikum haben mitgetanzt, die Stimmung ist blendend. Aber nun rückt die Abstimmung über »den besten Regen-Song seit 1950« näher. Allen im Raum ist klar, dass die aussichtsreichsten Kandidaten erst gegen Ende kommen.

Also jetzt. Vier junge Herren betreten die Bühne. In ihren Anzügen sehen sie aus wie bekiffte Primaner, sie spielen mit überlegenem Gestus und driften in ihrem psychedelischen Flow dahin. »Rain« von den Beatles ist definitiv der coolste Regen-Song aller Zeiten: »If the rain comes, they run and hide their heads, they might as well be dead.« Kritik der reinen Vernunft, hätte Kant das genannt.

Das Publikum will nicht aufhören, die Beatles zu feiern, bis es auf der Bühne düster wird und eine vertonte November-Depression erklingt: »Nothin' lasts forever, and we both know hearts can change«, singt Axl Rose von den Guns n' Roses. Dann kommen die poetischsten Textzeilen des Hardrock überhaupt: »And it's hard to hold a candle in the cold November rain.«

Jetzt warten alle auf einen. Er muss kommen, eine Regen-Revue ohne Prince wäre eine Farce. Er tritt vor, hinter sich seine Band, schaut ernst ins Publikum, schweigt. Jeder hier weiß, worum es geht: um einen gewalttätigen Vater und einen Sohn, der aus dem Leiden heraus ein Star wird. »I only wanted to see you laughing«, singt Prince, »in the purple rain, purple rain, purple rain.« Lilafarbener Regen. Eine Mischung aus Himmelblau und Blutrot. Ein vages Bild, ein starkes Bild. Prince ist durch den Regen gegangen und jeder im Raum spürt: »Purple Rain« wird den Regen-Wettbewerb gewinnen.

Jeder? Mein Sitznachbar springt plötzlich auf, drängelt sich schimpfend Richtung Bühne. Er schiebt den Moderator zur Seite, hängt sich eine Gitarre um, steht ganz vorn an der Bühne, unnahbar und verschlossen. Offensichtlich wäre er jetzt lieber woanders.

Dann schlägt er C-Dur an, G-Dur – und jetzt weiß jeder, wer er ist. Bob Dylan, der einzige Musiker weltweit, dem notfalls zwei simple Akkorde für eine ergreifende Ballade reichen. »When the rain is blowing in your face«, singt er, «and the whole world is on your case ... « Wenn von überall her nur Angriffe kommen, dann gibt es immer noch den einen Menschen, der einen auffängt – in seinen Armen, mit seiner Liebe. Es wird still im Saal, 1700 Zuschauer hängen an Dylans Lippen, folgen seinem rauen Singsang in einem der schönsten Lovesongs überhaupt. Billy Joel und Adele sind auch da, sie haben den Song gleich nach Erscheinen gecovered und singen jetzt ein hinreißendes Terzett mit dem brummigen Bob. Als der letzte Akkord verebbt, schwillt Applaus an, und diesmal will er wirklich nicht enden. Der Wettbewerb ist per Akklamation entschieden: »Make you feel my love« von Bob Dylan ist der beste Regen-Song der Popgeschichte.

Alle Stars kommen auf die Bühne, sogar die Beatles und Prince klopfen Dylan auf die Schulter. Der aber wirkt schon wieder, als sei er ganz woanders. Wahrscheinlich entsteht in seinem Kopf der nächste Regensong. Er wird mit C-Dur beginnen.

»Es ist immer das gleiche mit diesen Wettbewerben«, scherzt der Moderator: »Du hörst lauter begnadete Songs, und am Ende gewinnt Bob.«

Die Sturmorgel

Wettervorhersage: vier bis sieben Grad. Regenwahrscheinlichkeit: 90 Prozent. Westwind Stärke sieben, in Böen acht. Ich habe mit mir gerungen, ob ich bei diesem Wetter eine sechsstündige Mitelgebirgstour antreten soll, bei der ich über 1.000 Höhenmeter an- und absteigen muss. Ist das noch das, was man neuerdings ein »Mikroabenteuer« nennt – oder schon eine Dummheit?

Es wird ein eiskalter Tag mit rauem Wetter. Ich muss alles anziehen, was der Rucksack hergibt. Dreimal durchnässt vom dichten Regen, dreimal getrocknet von Wind und Sonne, beginne ich irgendwann den letzten Anstieg. Immer blicke ich mich um, weil ich denke, dass schnell fahrende Autos mich auf dem Forstweg überholen wollen. Aber das ist nur der stürmische Wind, der in die Fichten fährt. Die schwärzliche Wolkenfront, die von hinten naht, bemerke ich erst, als es schlagartig dämmrig wird. Da hinten muss eine Schutzhütte sein – ich beginne zu laufen.

Mit dem ersten Donnerschlag erreiche ich die Hütte. Minuten später sitze ich windgeschützt und warm beim Tee aus der Thermosflasche. Durch die große Öffnung der Hütte schaue ich in den Regensturm, der draußen tobt. In jeder Sekunde schießen Tausende Tropfen horizontal durchs Bild. Aus dem Autobahngeräusch ist ein tiefes Brausen und Brummen geworden, das mit den Böen um Viertel- und Halbtöne variiert. Eine mächtige Waldorgel spielt im tiefsten Register. Es ist Stück mit sprunghaftem Rhythmus und einer irrlichternden Melodie. Ich bin froh, dass meine stabile Hütte etwas abseits vom Wald steht.

Bald lässt der Wind nach, die Sturmorgel verklingt. Als die Vögel wieder singen, gehe ich im milchigen Nachmittagslicht zu Tal.

Regengespräche

Das Substantiv Regen kriegt nur tapsige Tanzpartner ab • Ein deutscher Dichter erfindet die Farbe Regenblau • Es regnet Krötenbärte und Schubkarren • Die Schotten kennen die besten Regenwörter • Al Gore scheitert am schlechten Wetter, Napoleon am Matsch • Wer über Regen spricht, knüpft soziale Bande • Lenin verweigert ein Wettergespräch • Einem Bauherrn regnet es auf den Schreibtisch •

Regen und Sprache

Nimm was gegen den Regen mit, sagte meine Mutter. Lass uns nach dem Regen starten, sagt ein Freund. Eine Kollegin fragt, als ich gerade rausgehen will: Trotz Regen?

Gegen den Regen, nach dem Regen, trotz des Regens. Mit dem Wort Regen verbinden sich in der Alltagssprache fast ausschließlich schlechte Gefühle. Wir sprechen es mit spitzen Fingern aus. Selbst Nachrichtensprecher, zur Neutralität verpflichtet, legen häufig einen Hauch von Mitleid in die Stimme, wenn sie in der Wettervorhersage von »aufziehenden Niederschlägen« oder »ergiebigem Regen« sprechen. Das ist großes Stimmtheater. Sogar in stockseriösen Wettervorhersagen schwingt oft ein Subtext mit. Etwa so: Tut mir jetzt auch leid, aber es wird schon wieder ziemlich nass.

Schon das Alltagswort Regenwetter hat einen traurigen bis genervten Beiklang. Abgesehen vom Wetterbericht ist das Wort Regen im Alltag fast nur präsent, wenn es um den Schutz vor oder die negative Wirkung von Regen geht. Hier eine Auswahl: Regenschutz, Regenschirm, Regenjacke, Regenkombi, Regencape, Regenponcho, Regenhut, Regenmantel, Regenblues. Regen ist bedrohlich, mindestens riskant. Man muss etwas zwischen ihn und sich selbst bringen, eine Haut, einen Stoff, ein Dach, egal.

Stellen wir uns zusammengesetzte Substantive als Tanzpaare vor, dann kriegt Regen immer die tapsigen, pickeligen Partner ab. Oder fällt Ihnen ein Gegenbeispiel aus dem Alltagsgebrauch ein? Regenfreude, Regenglück, Regenspaß – gibt es im Deutschen so gut wie gar nicht. Regenlust, Regengenuss, Regeneuphorie – nie gehört.

Ich mache den Suchmaschinen-Test. Nach längerer Suche stoße ich auf ein Start-up, das Regenkleidung unter dem Label »Regenfreude« vermarkten wollte. Es hat noch vor dem Start dichtgemacht. – Ein Schweizer Kinderbuch stellt uns »Fanny im Regenglück« vor. Sonst keine Fundstellen. – »Regenspaß« heißt ein winziger Regenmantel für die Puppe »Baby Annabelle Deluxe«. Kostet stolze 25 Euro. – »Regenlust« kommt beiläufig in einem blassen Gedicht vor, das von einem grauen Regentag handelt. – »Regengenuss« gibt es als Fachbegriff in der Welt des Smartphone-Spiels »Pokemon«: Eine Spielfigur, die die Fähigkeit zum Regengenuss hat, kann bei Regen so genannte Kraftpunkte generieren. Wozu das gut ist? Fragen Sie Spielfiguren mit so wohlklingenden Namen wie Loturzel oder Kappalores.

Bei der Suche nach »Regeneuphorie« gibt dann sogar das allwissende Internet auf. Dieses Wort gibt es nicht. Wir erfahren lediglich, dass Nachwuchs im englischen Königshaus die Fans der Royals in »rege Euphorie« versetzt. Danke.

Wortlos

Ein bisschen Regen am Vormittag, sagt die App. Ansonsten trocken, ein böiger Wind. Wir glauben das und gehen los. Lassen uns auch von den Wolken nicht abhalten, die sich da oben ballen, wo wir gleich hinwollen. Sie sehen nach sehr viel Regen aus.

Wir steigen zum Kamm einer Mittelgebirgskette hinauf. Geradewegs in die Wolken hinein. Der Regen beginnt schon auf halber Höhe und wird dann immer stärker. Oben auf dem Kamm tappen wir durch nassen Nebel. Der schmale Bergpfad verbirgt glatte Felsen unter frühherbstlichem Laub – eine unbequeme Kombination. Mit jeder Wegbiegung wird die Situation klarer: Wir befinden uns auf einem markanten Höhenzug, der nach Westen hin eine regelrechte Wolkenbarriere bildet. Hier findet gerade das ganz große Abregnen statt. Mit dem Wetter im Tal hat das nicht viel zu tun.

Inzwischen gehen wir unter lauter Regenhüllen, ein Gefühl für die Landschaft will sich nicht recht entwickeln. Schade, denn der Pfad führt durch die Wolken, umkurvt Buchenstämme und bizarre Felsen, die markant aus dem Nebel hervortreten.

Als wir auf zwei Forstautos treffen, ergibt sich ein kurzes, stummes Regengespräch mit den Waldarbeitern, die hinter Metall und Glas ihr Frühstücksbrot verzehren. Wir schauen uns in die Augen und ich sehe dort zwei große Fragezeichen: Warum zum Teufel ... ? Bei diesem Wetter? Meine Antwort, ebenfalls lautlos: Schon gut, haben wir inzwischen selbst gemerkt.

Als wir am Fuß des Höhenzugs aus dem Wald treten, liegt mit einem Mal auch der Regen hinter uns. Über Feldern und Weilern wölbt sich ein freundlicher Himmel. Wir lassen die Regenberge hinter uns, streifen den ganzen skurrilen Regenschutz ab und wandern in die helle Landschaft.

Die Grimms retten den Regen

Offensichtlich ist das Internet der falsche Ort, um die Reize des Wortes Regen und seiner Tanzpartner offenzulegen. Nicht im Jetzt müssen wir uns umschauen, sondern in der Vergangenheit, in jener Zeit, als unser Hochdeutsch aus Hunderten regionalen Strängen zusammenwuchs. Die Brüder Jacob und Wilhelm Grimm trugen den Reichtum der deutschen Sprache zusammen, eine unglaubliche Such- und Sammelarbeit. Ihr »Deutsches Wörterbuch« listet über 100 Begriffe auf, die das Wort Regen enthalten. Es sind wunderbare Exemplare dabei: »Regenwelt«, »Regenzeichen«, »regenschwer«, »regenschwanger«. Jedes steckt voller Poesie.

Das ist aber erst der Anfang, der »Grimm« bringt auch diese Einträge: »regenerfrischt«, »regenglatt«, »Regenfeuer« und »Regengestirn«. Dazu »Regenkraft«, »regenreich« und »Regenstunde«. Und dann noch das wunderbare Wort »Regenblau«, eine Schöpfung des Schriftstellers Jean Paul, der vom »Mond im reinen Regenblau« schrieb und das Himmelblau nach einem Regen meinte. (Haben Sie übrigens bemerkt, welcher dieser Begriffe sich nicht auf natürlichen Regen bezieht? – »Regenfeuer« ist die Bezeichnung für ein herabregnendes Feuerwerk.)

Einen ganz eigenen Reiz haben die Wörter mit »Regenbogen« darin. Mein Favorit ist die »Regenbogenschöne«. Diese Bezeichnung dachte sich Johann Gottfried Herder für das Outfit eines Engels aus: »Wie holde Regenbogenschöne floss eines Engels Kleid herunter.«

Schubkarren oder Pfeifenstile?

Die deutsche Sprache gesteht dem Regen sogar einen Plural zu, der aber praktisch nie benutzt wird. »Die Regen der letzten Tage füllten die Bäche.« Wir dürften das sagen, aber wir tun es nicht. Höre ich mich um, wie »Regen« heute benutzt wird,

so kommt mir das Wort wie ein Stiefkind der deutschen Sprache vor. Gebeugt und grämlich geht es einher, es mangelt ihm an Wertschätzung. Das ändert sich nur, wenn gerade Dürre herrscht (was ja zunehmend öfter vorkommt). Dann erhält das Wort einen hoffnungsvollen Beigeschmack, nicht nur im Mund von Landwirten: »Morgen soll Regen kommen.« – »Der Mais braucht dringend Regen.« – »Endlich Regen!«

Regenfreude – um noch einmal das gescheiterte Modelabel zu zitieren – ist den Deutschsprachigen nur selten gegeben. Sie hantieren lieber mit groben Redensarten, in denen Regen für irgendeine Misere steht. Da kommt jemand »vom Regen in die Traufe« oder lässt man einen Freund »im Regen stehen«. Es regnet »Schusterjungen«, »wie aus Gießkannen« oder »Bindfäden«. Das Sprichwort »nach Regen kommt Sonne« ist ohnehin nicht sehr verbreitet, weist dem Regen aber wieder einen düsteren Part zu.

Damit steht das Deutsche nicht allein. Im Englischen regnet es »cats and dogs«, in Wales »alte Frauen und Spazierstöcke«, in Griechenland »Stuhlbeine«, in Frankreich »Seile«, in Spanien »Ehemänner«, in Portugal »Krötenbärte«, in Holland »Pfeifenstile« und in Tschechien »Schubkarren«. Suchen Sie sich etwas aus, wenn Sie das nächste Mal durch heftigen Regen gehen!

Echte Regenkenner: die Schotten

Allzu erbaulich klingt das alles nicht. Regen ist in Europa meist das Andere, das Unerwünschte und Ausgegrenzte. Dieser Befund lässt sich aber lindern, indem wir nach Irland und Schottland schauen, auf zwei Nationen also, die mit dem Regen per Du sind. In Irland gibt es einen wunderbaren Ausdruck für anhaltenden, leichten Regen: »soft rain«, weichen Regen. Und dann Schottland! Ein Blick in den schottischen Thesaurus, ein Wörterbuch der Synonyme, ist Balsam für die Wunden des Regenfreunds. Denn offenbar haben die Schotten über Jahrtausende hinweg besonders genau hingesehen und -gespürt. Viele ihrer wunderbaren Worte für sehr spezielle Wetter- und Niederschlagssituationen haben keltische Wurzeln. Hier eine Auswahl:

Blyte – ein fliegender Schauer
Brattle – ein plötzlicher harter Windstoß mit Regen
Draigle – ein nasser und dreckiger Gesamtzustand
Flindrikin – besonders leichter Schneefall
Mere – eine große Pfütze bei Regen, die in der Sonne rasch austrocknen wird
Moch – warmes, feuchtes, dunstiges Wetter

Rionnach Maoim – die von Wolken auf Moorland geworfenen Schatten an einem sonnigen und windigen Tag

Skeif – eine besonders große Schneeflocke

Smore – eine Luft, die einen zu ersticken scheint, voll mit Schnee, feinen Regentropfen oder auch wirbelndem Staub

Sowp – Nass sein, ein Zustand der Nässe.

Manchen dieser Wörter hört man beim Aussprechen fast an, was sie bezeichnen, merkt die Outdoor-Bloggerin Kathrin Heckmann an. Definitiv sind die Schotten Weltmeister in der Disziplin »Sprachliche Würdigung des Regens« (dicht gefolgt von den Walisern, die ein wunderbares Wort für Regen mit sehr großen Tropfen haben: *Brasfrwfrw*). So wie die Inuit berühmt sind für die Würdigung des Schnees und die Japaner für die Würdigung des Windes. Im japanischen »Wörterbuch des Windes« sollen übrigens 2.036 Winde aufgeführt sein. Michaela Vieser zitiert die folgenden: »Winde aus den Bergen, Winde vom Meer, Winde, die sich durch einen Felsspalt drängen, Winde, die eine Erkältung verursachen, und Winde, vor denen man sich hüten muss wie vor Hunden, die Menschenfleisch gefressen haben.«

Dieselbe Autorin betreibt an anderer Stelle ein wenig Ehrenrettung der deutschen Sprache, wenn sie die folgenden Regen-Verben aufführt: »... je nach Wetterlage peitscht, tröpfelt, prasselt, plitscht und platscht, gießt, spritzt, schüttet, pladdert, nieselt, trommelt, strömt, gallert oder trieft es auf die Erde nieder.«

Mein Traum ist gleichwohl, dass wir eines Tages ein deutsches »Wörterbuch des Regens« zusammentragen, mit 2.036 Wörtern und Wendungen für den Regen im deutschen Sprachraum – in all seinen Gestalten und Stimmungen. Vielleicht wird es dann doch noch was mit der Regenfreude.

Hurrikan

Ein Hurrikan ist aufgezogen und ich bin plötzlich mittendrin. Am Vormittag kam der Chef zu mir und fragte mich, ob ich mit einem Fotografen zur Küste fahren könne, ein paar Eindrücke sammeln. Jetzt stehe ich klitschnass hinter einem Haus an der Strandpromenade und beobachte, was so ein Megasturm mit Menschen und Booten macht. Eindrucksvoll, um es vorsichtig zu sagen.

Ich bin ein paar Monate zu Gast in einer Zeitungsredaktion in Massachusetts im Nordosten der USA. Man hat mich vorgewarnt: Hurrikan heißt hier, dass höchstwahrscheinlich Strom und Telefon ausfallen, Straßen überschwemmt und Fenster vom Wind eingedrückt werden. Die Hurrikan-Saison ist hier so etwas wie die fünfte Jahreszeit (nur nicht so heiter wie der Karneval am Rhein). Und natürlich ein großes Thema für meine Redaktion.

Am Strand luge ich um die Ecke des Hauses. Einige Hurrikan-Touristen lassen sich am Strand von 120 Kilometer schnellen Böen zu Boden werfen. Wir flüchten ins Auto und hoffen, dass uns kein Baum aufs Dach fällt. Als wir in einer Geschäftsstraße die mit Pappe geschützten Schaufenster untersuchen, bekommen wir einen Tipp. In einem Laden nebenan steht ein Prominenter und trinkt Kaffee. Es ist Oliver North, ein bekannter, politisch umstrittener Mann, ehemaliger Oberst der Marine-Infanterie: Zwischen Seglerbedarf und nautischer Literatur vertreibt er sich die Zeit. Ich erinnere mich dunkel, dass er unter dem konservativen US-Präsidenten Ronald Reagan einen verrückten Geheimdeal eingefädelt hat, aus dem später die so genannte Iran-Contra-Affäre wurde. Für Rückfragen in der Redaktion ist jetzt keine Zeit, ich muss auf Oliver North zutreten, mich als Lokalreporter vorstellen und mit ihm reden. Übers Wetter, denn etwas anderes fällt mir auf die Schnelle nicht ein.

Ich habe Glück: Oliver North genießt die kleine Ablenkung. Wir reden über den Hurrikan, er erzählt von der Segeltour mit Freunden, die sie jetzt abbrechen mussten. Nach fünf Minuten habe ich genug für einen Artikel.

Zu meiner großen Überraschung werde ich am nächsten Morgen wie ein Star begrüßt. Man zeigt mir die Morgenausgabe: Der Titelkopf der Zeitung ist um einige Zentimeter nach unten gerückt worden. Oben drüber steht, quer über die Breite der Titelseite, eine Geschichte mit der Überschrift »Look who Hurricane Bob blew in« (Schau mal, wen Hurrikan Bob da in den Hafen geweht hat), darunter klein mein Name. Das kommt auch bei dieser Zeitung sehr selten vor. Meinen Kollegen macht es eine diebische Freude, ein Interview mit einem Prominenten exklusiv zu haben. Und sei es auch nur ein inhaltsleeres Regengespräch.

Regen entscheidet Wahlen

Bei der Präsidentschaftswahl in den USA im Jahr 2000 hätte sich der Demokrat Al Gore um ein Haar durchgesetzt. Am Ende aber wurde der Republikaner George W. Bush vereidigt. Dabei spielte Regen eine wichtige Rolle.

Forscher beschäftigen sich schon lange mit der Frage, welchen Einfluss das Wetter auf den Ausgang von Wahlen hat. Für die gesamten USA liegen die Abstimmungsergebnisse aus den Wahlkreisen vor, ebenso die lokalen Wetterdaten. Da kann man ja mal nachschauen, wie die Wahlbeteiligung sich bei Regen entwickelt und welche Wählergruppen bei welchem Wetter eher zur Wahl gehen.

November 2000: Der Wahlausgang in Florida ist extrem knapp, es gibt Probleme mit den Zählmaschinen. Am Ende entscheidet ein Gericht, dass die Wahlmänner aus Florida für George W. Bush stimmen müssen. So wird er Präsident und Al Gore bleibt ein früherer Vizepräsident und Guru der Umweltbewegung. Einige Jahre später analysieren Forscher das Wahlgeschehen. Ihr klares Ergebnis: Ein komplett trockener Wahltag in Florida hätte Al Gore den Sieg dort und damit die Präsidentschaft geschenkt. Das liegt daran, dass sich im statistischen Durchschnitt die Anhänger der Demokraten durch schlechtes Wetter eher vom Besuch des Wahllokals abhalten lassen als Anhänger der Republikaner. Das Wetter war schlecht, also blieben ein paar Demokraten zu viel zu Hause, während die Republikaner durch Wind und Regen zum Wahllokal fuhren.

Die gleichen Forscher untersuchen gleich 14 US-Präsidentschaftswahlen auf den Zusammenhang von Wetter und Wahlbeteiligung. Ihr Ergebnis ist mathematisch genau: 2,54 Zentimeter (1 Inch) Regen senken die Wahlbeteiligung um etwas weniger als 1 Prozent, 2,54 Zentimeter Schnee sogar um fast 5 Prozent. Entscheidend ist: In der Regel lassen sich die konservativen Wähler weniger beeinflussen als die liberalen. Am Wahltag 1960, als John F. Kennedy gegen Richard Nixon antrat, herrschte übrigens gutes Wetter. Die Forscher glauben, dass dies zu Kennedys knappem Sieg beitrug.

Auch in Deutschland ist das Phänomen bekannt. Wissenschaftler des Deutschen Instituts für Wirtschaftsforschung bestätigen an Hand der Landtags- und Kommunalwahlen in Nordrhein-Westfalen zwischen 1975 und 2010, dass 1 Zentimeter Regen (10 Liter pro Quadratmeter) die Beteiligung um 1,2 Prozentpunkte verringerte, zum Beispiel von 66 auf 64,8 Prozent. Damals dominieren zwei Parteien: die SPD und die CDU. Es zeigt sich, dass – ähnlich wie in den USA –, die linksliberale SPD von einer höheren Beteiligung eindeutig profitiert. Entsprechend nützt Regen der konservativen CDU.

Gewitter-Plaudereien

Es könnte ein gemütlicher Ausflug mit Freunden werden – wäre da nicht das drückende Wetter. Wir sind aus einem Mittelgebirgstal nach oben auf eine Bergkuppe gestiegen und gehen jetzt mit schöner Aussicht über eine weite Freifläche. Ich spüre, da braut sich etwas zusammen, dann sehe ich die dunklen Gewitterwolken und werde nervös, gehe schneller, schaue mich besorgt um. Brumme Bemerkungen wie: »Hmm, das gefällt mir aber nicht«.

Meine Freunde plaudern munter über alles andere. Das Gewitter nehmen sie nicht wahr, scheint mir, oder nicht ernst. Immer noch gehen wir übers freie

Feld, auf dem Weg zu einem Picknickplatz, während sich unter uns dunkle Wolken ballen. Tatsächlich unter uns, denn die Wolken schweben auf halber Berghöhe, wir wandern oben. Als wir fast am Ziel sind, nimmt meine Sorge überhand: »Wir müssen umdrehen.«

Die Freunde lassen sich darauf ein und plaudern weiter, während sorglose Familien an uns vorbeiziehen. Ich sehe jetzt nur noch die weite, freie Fläche vor uns, die wir vor Beginn des Gewitters noch einmal überquert haben sollten. Gehe intuitiv immer schneller. Da knallt der erste Blitz, gefolgt vom Donner in nur drei Sekunden Abstand. Damit sind wir mindestens am Rand der Gefahrenzone. Ich treibe die anderen an und laufe los. Meine Freunde traben, in ihr munteres Gespräch vertieft, gelassen hinter mir her. Erst als der Weg sich absenkt und wir wieder zwischen Büschen gehen, gebe ich Ruhe.

Hinter uns knallt es noch ein paar Mal. Aber das Gewitter bleibt erstaunlicherweise im Tal. Unten regnet es, oben bleibt es trocken. Falscher Alarm? Bei Gewitterlage gibt es keinen falschen Alarm.

Regenschlachten

Nicht nur bei Wahlen hinterlässt Regen Spuren in der Geschichte. Ich finde rasch Beispiele für den Einfluss von Klima und Witterung, angefangen bei der Französischen Revolution. Bevor sich die Ereignisse 1789 in Paris überschlagen, tragen Missernten und harte Winter wesentlich zur Entstehung einer Hungersnot bei. Das Ancien Régime unter Ludwig XVI. ist nicht nur Mit-Verursacher dieser sozialen Katastrophe, sondern zeigt sich auch komplett überfordert damit, sie zu bewältigen. So bauen sich die Unruhen, vom Land her kommend, in Wellen auf. Im späten Winter und im Frühjahr 1789 kommen Überschwemmungen und Viehseuchen hinzu, erreicht der Teufelskreis aus Ernteausfällen, Hunger und Preiserhöhungen seinen Höhepunkt. Als das hungernde Volk am 14. Juli 1789 die Bastille in Paris besetzt, stürmen auch die verarmten Bauern auf dem Land die Schlösser der Adeligen. »Das Wetter war zwar keine Ursache der Revolution, aber es war ein Katalysator, der Ereignisse mit auf den Weg brachte«, schließt der Historiker Ronald D. Gerste.

Das Wort Regenschlacht taucht heute meist nach verregneten Fußballspielen auf. Die berühmteste Regenschlacht der Geschichte fand aber im belgischen Waterloo statt. Napoleons finale Niederlage wäre wahrscheinlich anders ausgegangen, wenn es dort am 18. Juni 1815 nicht so heftig geregnet hätte. Wasser und Schlamm verzögern damals das Kampfgeschehen, das gibt preußischen Truppen unter Marschall Blücher Zeit, gerade noch rechtzeitig auf dem Schlachtfeld zu erscheinen. Sie wenden das Blatt. Statt die französische Vorherrschaft in Europa zu behaupten, muss Napoleon abdanken und ins Exil gehen, auf die Insel St. Helena im Südatlantik. Bis heute heben Reiseveranstalter die »geringen Niederschläge« dort hervor. Napoleon dürfte froh gewesen sein, nicht dauernd an Waterloo erinnert zu werden.

Noch einmal hing die Geschichte vom Wetter ab. Die Befreiung Europas von der Nazi-Herrschaft wäre um ein Haar am Regen gescheitert. Als der D-Day, die große Landung der Alliierten am Strand der Normandie, schon vorbereitet ist, kann der amerikanische General Dwight D. Eisenhower mit seinen Truppen tagelang nicht losschlagen, denn in der ersten Juniwoche 1944 liegt ein ausgedehntes Tiefdruckgebiet über dem Ärmelkanal. Es überzieht die Region mit Regen und stürmischem Wind. Das behindert die Sicht und beeinträchtigt die Treffsicherheit von Geschützen und Bombern. Zudem können die Landungsboote bei hohem Wellengang nicht auf den Strand auffahren. Zu schweigen davon, dass viele Soldaten seekrank würden.

Die deutsche Wehrmachtsführung nimmt die Wetterprognose so ernst, dass sie einen Teil der Truppen, die den so genannten Atlantikwall sichern sollen, in Urlaub schickt. Dass die Alliierten nicht einfach weiter abwarten, geht auf einen Norweger namens Sverre Petterssen zurück, der als Meteorologe in Eisenhowers Stab arbeitet. Er ist darauf spezialisiert, die Bewegung von Luftmassen zu analysieren. Petterssen beobachtet die Bildung einer Wetterfront in großer Höhe, weshalb er zunächst vor einem Angriff warnt. »Der D-Day wurde um 24 Stunden verschoben, und tatsächlich wurde das Wetter stürmisch«, berichtet die amerikanische Schriftstellerin Ginger Strand. »Der nächste Tag sah nicht besser aus, aber Petterssen wies auf den sich ändernden Luftdruck hin als Zeichen dafür, dass sich das Wetter verbessern würde. Vor dem nächsten schlechten Tag werde es ein Zeitfenster für die Offensive geben.« General Eisenhower vertraut Petterssen und seinem Chef James Martin Stagg und setzt den Angriff in Gang. Der D-Day im Zwischenhoch am 6. Juni 1944 bringt die entscheidende Wende im Krieg an der so genannten »Westfront«.

Wetter-Selbstgespräche

Am Abend trete ich zögernd vor die Haustür. Die Märznacht rauscht und plätschert. Heute mal kein Spaziergang. – Das erste Morgenlicht versickert im Dunst, der über dem Dorf liegt. Erst mal frühstücken. – Nach dem Frühstück ist der Nebel an den Bergen heraufgeklettert, die Straße beginnt abzutrocknen. Einen Kaffee noch. – Wenig später scheint mir die Sonne auf den Arm. Ich gehe los und streife durch eine gleißende, triefnasse Natur; atme tief den Nachtregen ein, der noch immer in der Luft liegt.

Wenn der Postbote klingelt

Der Postbote und ich begrüßen einander an der Haustür, lächeln uns kurz an, wir kennen uns. Dann sucht er in dem Schwung Post auf seinem Arm einen Umschlag heraus – und in seiner Tasche hat er auch noch etwas für mich. Das dauert ein paar Momente, genau solange, dass es sich komisch anfühlt, nichts weiter zu sagen, einfach nur dazustehen. Wir sind Teil einer Situation geworden, die sich merkwürdig anfühlt, wenn sie stumm bleibt. Eine »milde soziale Spannung« baut sich auf, wie der britische Autor Charlie Connelly es ausdrückt.

Was mache ich also? Ich schaue prüfend über den Postboten hinweg in den Himmel und sage: »Das pladdert aber heftig gerade.« Oder: »Ziemlich kalt heute, oder?« Worauf der Bote lächelnd »Geht schon« murmelt, die Post übergibt und seiner Wege geht. Alles in Ordnung zwischen uns. Bis zum nächsten Wettergespräch.

Übers Wetter kann man immer reden, mit jeder und jedem, bekannt oder unbekannt, sympathisch oder abstoßend, aus dem gleichen Milieu oder aus einer anderen Ecke der Gesellschaft. Das Wettergespräch funktioniert an der Bushaltestelle, in einer Warteschlange, sogar im Aufzug. Oft ist ja von dem »Kitt« die Rede, der die Gesellschaft zusammenhält, etwa von Gemeinsinn und Solidarität. Das Wettergespräch wäre dann so etwas wie die kleine Tube Kitt für die Hand- und Hosentasche. Ihr Inhalt verdeckt für einen Moment das Trennende und stabilisiert eine Situation. Der Sozialforscher Bronislaw Malinowski hat dafür einmal den Begriff »phatische Kommunikation« gefunden: Man redet miteinander, aber es geht nicht um den Inhalt, sondern um die soziale Beziehung. Das Gespräch ist dazu da, »Bande der Gemeinsamkeit« zu knüpfen.

Helden-Saga

Ich bin für Samstag mit zwei Freunden zum Wandern verabredet. Die Gegend ist berüchtigt für ergiebigen Regen. Ein Tag Anfang Februar ohne Regen wäre dort ein ziemlicher Hammer. Passend dazu sagt die Wetter-App für Samstag Regen voraus. Je drei Tropfen-Symbole über einer dunkelgrauen Wolke – für Vormittag, Nachmittag und Abend. Dazu eine Windhose für böigen Wind. Mehr geht nicht. Ich fürchte, wenn die Freunde das sehen, geht die übliche »Sollen wir wirklich...?« - Kommunikation los. Aber ich täusche mich. Bis Freitagabend kommt nichts von den beiden. Ich halte still.

Samstag morgen trommelt Regen auf die Fensterbank. Auf dem Balkon springen die schweren Tropfen dicht an dicht vom Boden ab. Wind drückt Schwaden vor die Scheibe. Regen hämmert erst aufs Autodach, dann auf den

Regionalzug. Ich warte am Treffpunkt. Die Freunde kommen 20 Minuten später, schreiben sie mir, »wegen der Wassermassen auf der Autobahn«. Ich ziehe schon mal die Regenhose an.

Die Freunde schauen ernst. Ich schildere anhand der Wanderkarte noch einmal die Reize der geplanten Tour. Biete aber an, jetzt erst mal ins Museum zu gehen – bei dem Wetter. A. nickt sorgenvoll. B. allerdings wirft ein: »Ne, ich will mich jetzt bewegen, wir haben doch Regenklamotten dabei, also los.« Ich schaue ihn erstaunt an. Über mehr als 30 Jahre hinweg hat B. sein Helden-Gen vor mir verborgen. Nun plötzlich bäumt sich das Naturwesen in ihm auf. Ich bin gerührt und begeistert. A. nickt. Wir gehen zum Auto. Die zehn Meter reichen für eine frische Schicht Tropfnässe auf Schultern, Mützen, Ärmeln, Rücken. Beim Anfahren fragt A.: »Und in welcher Kneipe soll ich auf euch warten?«

Endlich steht das Auto auf dem Parkplatz am See. Alle Regenklamotten sind angezogen. Wir sind unterwegs und stellen im gleichen Moment fest, dass der Regen so stark nicht mehr ist. Wir schauen uns verwundert an. Wie sehen wir eigentlich aus in unseren unförmigen Regenmonturen? Den Vogel schießt B. ab: Er trägt einen signalblauen Segleranzug, der sein Körpervolumen verdoppelt und ihm die Umrisse einer Vogelscheuche verleiht. Vor uns geht ein junges Paar. Die beiden wirken unbeschwert, tragen schicke Outdoorkleidung für milde Wintertage. Keine Regenhosen oder Capes. Keine Mützen, keinen Schirm.

Ich stecke meine Wollmütze ein. Rechts und links von mir höre ich Reißverschlüsse knirschen. Wir sagen nichts, wissen aber doch: Heute ist nichts mit Sturm. Heute kein Abenteuer. Heute machen wir eine gepflegte Wanderung bei wechselhaftem Wetter.

Tatsächlich hört der Regen bald ganz auf. Wir haben nichts zu tun, als einer Uferpromenade zu folgen, einen Bergpfad hinaufzusteigen und oben den Ausblick zu genießen. Am Nachmittag leuchtet die Sonne mild. Wir wandern zurück, schauen uns das Spiel der dunklen Wolken auf dem Stausee an – und dann ist plötzlich der Regen wieder da, aus dem Nichts, genau an der Wegbiegung, wo wir ihn vor drei Stunden zurückgelassen haben.

Wir sprechen auch weiterhin nicht über den Regen, sondern nehmen ihn, wie er kommt. Die Regenkluft bleibt in den Rucksäcken. Wir nehmen gehend Abschied von einem Tag in Dunst und Wolken.

Das dankbarste aller Themen

Ausgerechnet der flüssige, flüchtige Regen baut verlässlich eine Brücke zu fremden Menschen. Wenn es schüttet, kann man mit einem locker hingeworfenen »Das ist ja ein Wetter heute!« kommunikativ nichts falsch machen, denn dem Gegenüber bleiben viele Reaktionen. Er oder sie kann zustimmen und ein Detail hinzufügen (»Ja, da kommt ordentlich was runter.«). Er kann zustimmen und eine Meinung anknüpfen (»Ja, aber das ist gleich vorbei.«). Oder er bezieht gleich eine eigene Position (»Das ist ja gar nichts, letzte Woche hat es wirklich geschüttet.«), womit man nun ein Gespräch über verschiedene Wetter-Sichtweisen beginnen könnte.

Entscheidend ist: Das Gespräch geht weiter – oder könnte es zumindest. Wir haben die Chance, uns auszutauschen und uns dabei näherzukommen. Das Wetter-Gespräch öffnet Türen, durch die man dann gemeinsam zu anderen, schwierigeren Themen spazieren könnte.

Dabei ist Regen vielleicht das dankbarste aller Wetterthemen, weil sich die Sprechenden in der Regel einig sind: Regen ist ein Problem. Außer es herrscht Hitze, dann ist man sich auch einig: Regen ist die Lösung. Ich erlebe es so gut wie nie, dass ein Regen-Gespräch Türen verschließt. Meinungsverschiedenheiten bleiben überbrückbar: »Ja, der Regen ist heftig gerade, aber das wurde ja auch wieder mal Zeit.« Oder so: »Nein, ist nicht schön heute, aber die frische Luft tut gut.« Solche Kompromissformeln sind besser als ihr Ruf.

Ist es nicht genau das, was uns in der politischen Auseinandersetzung oft abhandenkommt? Anstatt erst mal ein paar Gemeinsamkeiten – oder zumindest interessante Unterschiede – zu entdecken, lassen wir manchmal gleich beim Erstkontakt die Bombe platzen, vor allem im Internet und in den sozialen Medien: unsere persönliche Weltsicht, ungeschminkt, offensiv, nicht eingebunden in ein Gespräch, in dem auch mal Fünfe gerade sein dürfen.

Ich frage mich, ob es nicht umgekehrt besser liefe: In einer Gesellschaft, die den kultivierten Streit verlernt, bieten Regengespräche ein segensreiches Schmier- und Bindemittel. Mit tropfnassem Mantel an der Bushaltestelle lässt sich trainieren, wie man Unbekannte für einen kurzen Austausch gewinnt, aus dem mehr werden kann. Sogar die größten Rechthaber wissen, dass es keine in Stein gemeißelten Wahrheiten über den Regen gibt. Deshalb können wir Unschärfen zulassen. Wie angenehm, dass beim Regen niemand das letzte Wort haben kann.

Endstation Haut

Noch einmal kommt der Winter zurück, der kalte Regen erwischt mich beim Joggen. Tatsächlich bin ich bald bis auf die Knochen nass. Da hilft nur eins: Je nasser ich werde, desto schneller muss ich laufen. Ein Runner's High stellt sich ein, die Freude am sausenden Voranstürmen, für kurze Zeit tragen mich die Muskeln wie von selbst voran, unangefochten von Kälte und Wasser.

Ich genieße die langen, patschenden Schritte, lasse die Tropfen auf meinen Unterarmen verdampfen (so kommt es mir jedenfalls vor). Freue mich auf eine heiße Dusche und trockene Kleidung.

Ein Freund sagt dazu später: »Ich weiß ja, dass der Regen nicht unter die Haut geht.« Wir tauschen Geschichten aus: Wie wir uns durch hochtourige Aktivität über Kältephasen hinweggerettet und kaltem Regenwetter ein Schnippchen geschlagen haben. Unser Organ Haut, das wir meist unter Stoffschichten verbergen, hat zauberhafte Fähigkeiten. Es kann mit Hitze wie mit Kälte umgehen.

Niemand redet vom Wetter

Einer der wenigen Werbeslogans, die mir einfach nicht aus dem Kopf gehen wollen, lautet: »Alle reden vom Wetter. Wir nicht.« Er ist – zumindest bei vielen Westdeutschen – in den allgemeinen Sprachschatz übergegangen. Ursprünglich haben ihn zwei Werber der Agentur MCann Erickson 1966 für ihren Kunden Bundesbahn entwickelt. Das Bildmotiv zeigte eine E-Lok, die durch eine Schneelandschaft fährt. Traumhafte Bahnreisen – komfortabel, sicher und trocken, selbst bei rauem Winterwetter. Nicht auf dem Plakat, aber dennoch sichtbar: Autofahrer, die sich durch Schnee und Eis kämpfen müssen. »Fahr lieber mit der Bundesbahn«, stand unten links. Das zündete. Trotzdem wäre der Slogan wohl rasch wieder in Vergessenheit geraten.

Aber zwei Jahre später erinnerten sich Ulrich Bernhardt und Jürgen Holtfreter, zwei Studenten der Kunstakademie Stuttgart, an den Wetter-Claim der Bundesbahn. Sie arbeiteten an einem Plakat für den Wahlkampf an der Universität Stuttgart. Es sollte für den SDS werben, den Sozialistischen Deutschen Studentenbund. Bernhardt und Holtfreter zeigten die Köpfe von Marx, Engels und Lenin. Oben stand: »Alle reden vom Wetter.« Unten: »Wir nicht.« Zur Überraschung aller Beteiligten begannen die Medien über das Plakat zu berichten. Es wurde am Ende hunderttausendfach gedruckt und hing bis in die achziger Jahre in vielen westdeutschen Studentenzimmern an der Wand.

Der populäre Slogan lebte weiter. Eine Werbekampagne für den Fiat Panda versuchte es mit »Reden wir zur Abwechslung einmal vom Wetter.« Darauf die Bundesbahn: »Was sagt die Bahn dazu? Sie schweigt und fährt.«

Die Grünen traten zur Bundestagswahl 1990 mit diesem Claim an: »Alle reden von Deutschland. Wir reden vom Wetter.« Mit etwas Mühe konnte man das so verstehen, dass der saure Regen, der den Wäldern zusetzte, mindestens genauso wichtig sei wie die deutsch-deutsche Wiedervereinigung, das überwältigende Thema des Jahres 1990. Die Grünen scheiterten an der Fünf-Prozent-Hürde.

Auch die Bahn hatte nicht nur Freude an der genialen Schöpfung von 1966. Bis heute wird der Slogan »Alle reden vom Wetter. Wir nicht.« von verärgerten Bahnkunden und Journalistinnen gegen sie verwendet, sobald etwas nicht klappt. Ausfallende Klimaanlagen im ICE, einfrierende Weichen, vom Sturm gefällte Bäume auf den Schienen. Als Pendler und Vielfahrer fragt man sich schon, ob die Bahn nicht öfter übers Wetter reden sollte.

Eimer auf dem Fußboden

Ein Regensturm ist am Vormittag über die Insel Gran Canaria gezogen. Wenige Stunden danach fahren wir hinauf in die Berge zu unserem Hotel, einem großen Bau, der noch keine zehn Jahre alt sein dürfte. Auf dem Weg schliddern wir durch riesige Pfützen und Schlammlöcher, umkurven angeschwemmte Kiesel. Von den Berghängen gehen Hunderte Wasserfälle nieder. Die Insel trieft wie ein Bobtail, der aus dem Teich steigt.

Im Hotel herrscht Aufregung. Angestellte laufen mit Eimern durch die Gänge, denn es hat reingeregnet. Nicht an einer Stelle, sondern an vielen. Die Gäste aus Nord- und Mitteleuropa sind einhellig entsetzt, während Einheimische mit den Schultern zucken. Ein Gespräch darüber will nicht recht in Gang kommen. Die Angestellten finden den Regen nicht wirklich schlimm. Solche Wassermengen kommen vielleicht einmal im Jahr herunter, sie trocknen rasch wieder weg.

Auf dem Weg zu unserem Zimmer kommen wir an einem Sturzbach vorbei, der geradewegs aus der Deckenverkleidung hervorbricht. Darüber sind noch zwei Stockwerke, und wir fragen uns, wie es das viele Wasser durch die Konstruktion bis vor unsere Füße schafft. Aber gut, unser Zimmer erweist sich als trocken und draußen bahnt sich schon die Abendsonne ihren Weg durch den Dunst.

Wir kommen zu diesem Schluss: Regenschutz hat in wärmeren Weltregionen nicht den gleichen Stellenwert wie weiter nördlich. Ein, zwei Tage Starkregen machen den Bauten Probleme, aber das geht vorbei. Die eigentliche Herausforderung heißt Hitze.

Ein Architekt liebt den Regen

Wenn es einen Berufsstand gibt, der sich voll und ganz dem Regen verdankt, dann sind es – neben den Dachdeckern – die Architekten. Der Ursprung allen Bauens ist der Schutz vor Witterung. Ein Gebäude erfüllt diese Funktion in erster Linie durch sein Dach. Daraus sollte doch folgen: Wo man vor Regen und anderen Niederschlägen geschützt ist, da hat ein Baumeister gute Arbeit geleistet.

Es geht auch anders, und dafür steht einer der berühmtesten Baumeister der Moderne, Frank Lloyd Wright (1867–1959). Er wird gefeiert für seine bahnbrechende Formgebung. Lloyd Wright baute Firmenzentralen, Kirchen, Tempel und zahlreiche Wohnhäuser. Er fand praktisch immer einen brillanten und originellen Zugang zum Bauplatz und zur späteren Nutzung. Für Details der baulichen Ausführung interessierte er sich weniger.

Besonders gern baute Lloyd Wright in natürlicher Umgebung. Zu seinen Gestaltungsprinzipien zählten Einfachheit und Naturnähe. In der Farbgebung orientierte er sich an der Landschaft. Auch Technik interessierte Lloyd Wright stark, so verbaute er schon 1903 eine Klimaanlage. Nur eines fand der berühmte Architekt erstaunlich banal: Regenschutz.

Nun ist Regen ein wahrhaft tückischer Feind aller Baumeister. Das Dach – die richtige Form und Neigung, die Dichtigkeit – ist deshalb zentral für ein Gebäude. Aber was ist die richtige Form? Die optimale Form für den Regenschutz (meist auf der Basis jahrhundertealter Traditionen in einer bestimmten Region) ist nicht immer die schickste. Ein Bauherr, der etwas zum Vorzeigen möchte, und ein Architekt, der die Formensprache seiner Zeit revolutionieren will, sind ein Gespann, das Regenschutz nicht allzu hoch ansetzt. Davon zeugen die Häuser Frank Lloyd Wrights. Seine Meisterwerke hatten notorische Dachprobleme. Vorneweg seine Flachdächer – altbekannt aus trockenen Weltgegenden, die er aber unbeirrt auch in regenreichen Lagen einbaute. Bauherren, die sich über Lecks in seinen Flachdächern beschwerten, pflegte Lloyd Wright zu entgegnen: »Daran sehen Sie, dass es sich um ein Dach handelt.«

Wrights berühmteste Villa mit dem bezeichnenden Namen »Fallingwater« im US-Bundesstaat Pennsylvania zeichnete sich durch ein unaufhörliches Tropfen und durch zerbröselnden Beton aus. Sein Besitzer Edgar Kaufmann Sr. nannte es spöttisch das »Sieben-Eimer-Haus« und »Aufgehender Mehltau«. Als ein anderer Kunde Wright nach dem x-ten Versuch, sein Dach abdichten zu lassen, anrief und schimpfte: »Verdammt noch mal, Frank, es tropft auf meinen Schreibtisch!«, erwiderte der Architekt: »Warum stellen Sie Ihren Schreibtisch nicht woanders hin?« Er sagte so etwas, schreibt sein Biograf Meryle Secrest, mit »routinierter Sorglosigkeit«.

Wright-Verehrer beeilen sich, zu erklären: Nicht etwa waren die Sorgen seiner Bauherrschaft dem berühmten Architekten egal, im Gegenteil, er wollte ihnen etwas Gutes tun. Frank Lloyd Wright liebte Regen und wünschte, dass seine Kunden sich nicht völlig von der Energie des Regens abkapselten. Er selbst wollte mit der Natur leben, nicht gegen sie. Diesen Pfad zum Glück wollte er auch den Nutzern seiner Meisterwerke eröffnen. Sogar am Schreibtisch.

Nachtgespräche

Wir gehen los, als es gerade dunkel wird, es regnet munter und anhaltend. Zwei Spaziergänger an einem der letzten Novemberabende, in Regenmontur, müde vom Tag. Wir gehen auf den Wald zu und ich spüre einen Impuls, ihn bei Nacht zu meiden, aber da sind wir schon drin, auf einem breiten Weg, der sich erstaunlich hell abhebt. Die Wolkendecke spiegelt das Licht der Stadt zu uns zurück, diffus, aber völlig ausreichend, um sich zurechtzufinden – auch ohne Sternenlicht und ohne den Mond, der bald aufgehen müsste, aber nicht durch die Wolkenschicht dringen wird.

Wir verlassen den Kiesweg, gehen auf schmalen Pfaden unter Fichten, durch das Unterholz. Alles tropft, kaum noch Licht, am Boden schimmert Matsch. Bald sehen wir den Wurzelpfad nur noch schemenhaft vor uns. Ausrutschen scheint unausweichlich.

Wie gehen weiter. Wie von selbst findet jeder Schritt seinen Halt dies- und jenseits der Baumwurzeln. Pfützen können wir leicht ausweichen, sie spiegeln das matte Himmelslicht. Zu meiner eigenen Überraschung höre ich Matsch, bevor ich hineintrete. Er reflektiert Geräusche anders als der feuchte Waldboden.

Da scheint ein uraltes Programm in uns zu laufen. Wir Menschen können uns bei mäßiger Dunkelheit gut orientieren. Der Regen macht das sogar noch leichter, er fängt das Licht von weither ein, lässt es am Boden aufblitzen oder auf Zweigen. Wir können gelassen gehen, ohne zu stolpern, und uns obendrein noch unterhalten.

Unwillkürlich greife ich Nässe von den Blättern, sie kühlt und verbindet mich mit der dämmerigen Waldlandschaft. Ich berühre den groben Schorf einer Baumrinde, dann dünne Äste, von denen mir Tropfen entgegenschnellen.

Betrachte Schmutzpartikel auf der hellen Haut, spüle sie im nassen Laub wieder ab. Sehe jetzt zu meiner Rechten etwas Helles, den Fluss. Spüre, dass er ungewöhnlich viel Wasser führt.

Auf der Brücke bleiben wir stehen, schauen in die Strömung. Der Halbmond kommt kurz hervor, sein Spiegelbild sehe ich wie durch ein Kaleidoskop: Flecken aus Elfenbein, Lichtgrau und Gold formieren sich jeden Moment neu und anders, durchzogen von schwirrenden Strömungslinien.

Ich höre das Rauschen des Regens, bin im Gespräch und zugleich ganz verbunden mit der dunkelglänzenden Nachtwelt um mich herum. Als wir auf die erste Straßenlampe zugehen, muss ich die Augen halb schließen, um den Weg zu sehen.

Nach dem Regen

Im Wetterbericht steht: »Aufguss für alle: ein regnerisches Wochenende«, aber am Samstagabend sind alle Wolken abgezogen. Sie hinterlassen Dunstfahnen über einer regensatten Landschaft und einen frisch gewaschenen Himmel. Wieder stehe ich auf der Brücke am kleinen Fluss, wieder spiegelt sich der Mond in der pulsierenden Strömung. Wieder stellt sich ein kostbares Gefühl von Verbundenheit und Stimmigkeit ein. Von – wie sage ich es? – Gemeinschaft.

Gemeinschaft mit Wolken und Wasser, Landschaft und Leben. Dieses Buch möchte daran erinnern, dass es so etwas gibt. Jeder Spaziergang bei schlechtem Wetter (das so schlecht meist nicht ist), jeder Regen verbindet uns mit unserer Umwelt, oder besser: unserer Mitwelt.

Am Beispiel Regen habe ich versucht, ein wenig kulturellen Mitweltschutz zu leisten und nach einer angemessenen Sprache für das zu suchen, was es draußen zu erleben gibt. Wie wir von der Welt reden, so gehen wir mit ihr um. Vielleicht gelingt es uns mit der Zeit, sie neu zu besingen. Vielleicht schmelzen die Eisberge, weil wir noch kein Lied für ihr Sterben haben.

Unsere Mitwelt ist keine Ansammlung von seelenlosen Objekten. Ich bin überzeugt: Wir können uns auf das, was außerhalb von uns ist, in umfassender Gegenseitigkeit beziehen. Wir dürfen uns, wie der Philosoph Andreas Weber es ausdrückt, als »Wesen unter vielen« erleben.

Die Wetterdienste rufen in kurzen Abständen neue Temperaturrekorde aus. Dann wieder ist es für die Jahreszeit viel zu kalt. Ich versuche, alles zu nehmen, wie es kommt; genieße die Sonnenwärme und freue mich auf den nächsten Regen.

Ich möchte sehen, wie er die Landschaft weckt. Hören, wie er mit ihr spricht. Mich von ihm hinauslocken lassen in eine Welt, derer ich nicht länger Herr werden muss.

Quellen

Hier führe ich die wichtigsten Fundstellen und Bezüge auf. Sie sind den jeweiligen Kapiteln sowie markanten Stichwörtern zugeordnet. Zitate habe ich zum Teil orthografisch korrigiert und stilistisch leicht geglättet, leitend war der Geist des Zitats. Um kompliziertes Eintippen zu erübrigen, habe ich URLs zu so genannten sprechenden Links abgekürzt.

Regenzeiten

Hartmut Rosa: Unverfügbarkeit, Wien 2019, ders.: Resonanz, Berlin 2016 • Kindheitswetter: vgl. Katrin Seddig: Um diese Jahreszeit ist ein Sturm nichts Besonderes …, taz nord, 12.2.2020, S. 23 • Mitti Attar: vgl. Cynthia Barnett: Rain. A Natural and Cultural History, New York 2015, S. 213ff • Petrichor: Isabel Joy Bear/ Richard G. Thomas: Nature of argillaceous odour, in: Nature Nr. 201 (März 1964), S. 993–995 • »Da hört man's kommen…«: Übersetzung von Bertram Kottmann auf https://tinyurl.com/dickinson-regen; zitiert mit freundlicher Erlaubnis des Übersetzers • Dickinsons Leistung und The Smiths, Cobain: Barnett: Rain, S. 197ff., dazu Michaela Vieser: Wetter. Zwischen Hundstagen und Raunächten, Berlin 2020, S. 26f. und 68 • Innere Bedrängnis: Barnett: Rain, S. 199 • Zitat Egan: Barnett: Rain, S. 203 • Dickinsons »Disorder«: Barnett: Rain, S. 199 • Inspired by despair: Barnett: Rain, S. 193 • Geistesblitz Mary Shelley: Vieser: Wetter, S. 14f • Zitat Rühle: Alex Rühle: Flüssige Freude. Eine Ode an den Regen, Süddeutsche Zeitung, 20./21.6.20, S. 17 • Regentropfen – 2,7 Milliarden Jahre alt: Barnett: Rain, S.4 • und https://tinyurl.com/versteinerte-tropfen • Ohne Wasser kein Leben: https://tinyurl.com/leben-regen • Überleben durch Infor- mationsaustausch: Barnett: Rain, S. 29f • s.a. Brian Fagan: The Long Summer, New York 2004 •

Regenbilder

Deutscher Wetterdienst: C. Endt/C. Lipkowski/R. Müller-Lancé: Potzblitz, Süddeutsche Zeitung, 29.7.2019, S. 21 • Extraschuss Romantik: Movie Jones: https://tinyurl.com/filmregen • Kuss im Regen ist romantischer: https://tinyurl.com/regenkuss • Leichen im Dreck: https://tinyurl.com/kurasawa • Stutterheim-Interview: https://tinyurl.com/diva-regen •

Film »Weathering with you«: Martin Knoben: Und nun zum Wetter, Süddeutsche Zeitung, 16.1.2020 • Mackintosh und Königin Elisabeth: Barnett: Rain, S. 96-113 • Bauarbeiter-Kleidung: https://tinyurl.com/regenmode (erwähnt werden Kreationen von Dries van Noten und Raf Simons) • Polizeicape: https://tinyurl.com/polizei-regen • Niederländische Maler als Experten: Vieser: Wetter, S. 29 • Goethes Abfuhr: Illies, Florian: Gerade war der Himmel noch blau, Frankfurt/Main 2017, S. 109f • Das Flüchtige und Sinnbild Wolke: Werner Busch: Studien vor der Natur, in: Christoph Vitali (Hg.): Ernste Spiele: der Geist der Romantik in der deutschen Kunst 1790-1990, Stuttgart 1995, S. 463-466 • hier: S. 463, und Illies: Himmel, S. 111f. • Heuwagen-Szene: https://tinyurl.com/heuwagen2 • Skying: vgl. Klaus Reichert: Wolkendienst. Figuren des Flüchtigen, Frankfurt/Main 2016, S. 40-48 • Windrichtung: Alexandra Harris: Weatherland. Writers and artists under English skies, London 2015, S. 243 • Hockney auf dem Kunstmarkt: https://tinyurl.com/regenkunst •

Regenwissen

Vier wesentliche Kräfte: Barnett: Rain: S. 17 • Eisphase: Gerhard Hofmann u.a.: Wetter und Orientierung, München 2018, S. 25 • Typ 33a: Barnett: Rain: S. 75 • Typ 17: Douglas Adams: Macht's gut, und danke für den Fisch, München 2009, S. 19f • Der Deutsche Wetterdienst verzeichnet in seinem Betriebshandbuch elf Arten von Niederschlägen, wobei Nieselregen als umgangssprachliche Bezeichnung für Sprühregen gilt, s. Violetta Simon, Interview mit Andreas Friedrich vom DWD, Süddeutsche Zeitung, 7.10.20, S. 8 • Bessere Durchblutung: https://tinyurl.com/regenhaut • Griesel: https://tinyurl.com/regengriesel • Konstante Fallgeschwindigkeit: https://tinyurl.com/regenformen und Barnett: Rain, S. 11 • New Age: https://tinyurl.com/regenbogen-religion • Lurch: Barnett: Rain, S. 27, und Changizi, M./ Weber, R. u.a.: Are Wet-Induced Wrinkled Fingers Primate Rain Treads?, in: Brain Behav Evol 2011 /77, S. 286–290 • Kamerafrau: https://tinyurl.com/kuenstlicher-regen • Kirchenglocken: Barnett: Rain, S. 158 • Rainmaker: Barnett: Rain, S. 171. • Popeye: Barnett: Rain, S. 205 • China: https://tinyurl.com/regenmaschine • https://tinyurl.com/staedte-waschen • https://tinyurl.com/Wetterkontrolle • Climate Engineering im Überblick: Süddeutsche Zeitung, 18./19.1.2020, S. 34 •

Regenlandschaften

Halbwüste: Barnett, Rain, S. 213 • Tagore: z.n. Alexander Frater: Regen-Raga. Eine Reise mit dem Monsun, München 1997, S. 306 •Märkte crashen: Barnett: Rain, S. 25. Cochin: Frater: Regen-Raga, S. 124ff • Cherrapunji: Barnett: Rain, S. 276f • Ehrentitel: Barnett: Rain, S. 291 • Hochkulturen und Regen: https://tinyurl.com/hochkultur-regen • Kleine Eiszeit: Rüdiger Glaser: Klimageschichte Mitteleuropas, Darmstadt 2008, S. 202 • MacFarlane: Robert Macfarlane: Underland. A Deep Time Journey, London 2019 • George Harrison: https://tinyurl.com/wolke-neun • Apotheker: Barnett: Rain, S. 77ff • Welt des Geistigen: https://tinyurl.com/wolke-nr-sieben • Bulian: Giovanni Bulian: Invisible Landscapes. Winds, experiences and memory in Japanese coastal fishery, in: Japan Forum 2015, S. 380-404 • Vieser: Wetter, S. 104ff • Gooley: Tristan Gooley: Unsere verborgene Natur, München: Ludwig 2020, u.a. S. 172f • Religio und Resonanz: vgl. Rosa, Resonanz •

Regenmusik

Chopin: George Sand: Geschichte meines Aufenthalts auf Mallorca, als Anhang in George Sand: Ein Winter auf Mallorca, München 1995, S. 258 f • Programmmusik: Martin Geck: Die kürzeste Geschichte der Musik, Hamburg 2016, S. 101ff • Blowin' in the wind: Sally Brown u.a.: Is there a rhythm of the rain? An analysis of weather in popular music, in: Weather 70/7, 2015, S. 198-204, z. n. Psychologie Heute, Oktober 2015, S.6 • Delicate: Hinweis von Joachim Hentschel: Die Naturnahe, in: Süddeutsche Zeitung, 12./13.12.20, S. 18 • Prince: https://tinyurl.com/lila-regen • Die Songtexte in diesem Kapitel wurden entweder direkt abgehört bei Spotify oder zitiert nach www.songtexte.com •

Zu dem Kapitel »Regenmusik« können Sie über Spotify eine Playlist abrufen, um Regen noch intensiver zu erleben:

Regengespräche

Heckmann: Kathrin Heckmann. Fräulein draußen, Berlin 2020, S. 34 und 166 – daher auch der Hinweis auf den schottischen Thesaurus: https://tinyurl.com/schottenwort • Brasfrwfrw: Stefan Nink: Unter den Wolken, Frankfurt Allgemeine Sonntagszeitung, 13.12.2020, Reiseteil (ohne Seite) • Wahlen USA: Barnett: Rain, S. 16f., und Brad Gomez, Thomas Hansford, George Krause: The Republicans Should Pray for Rain: Weather, Turnout, and Voting in U.S. Presidential Elections, in: Journal of Politics. Vol. 39, no. 3, August 2007, S. 649-663 • Wahlen NRW: https://tinyurl.com/SPD-Sonne • und Felix Arnold/ Ronny Freier: The Partisan Effects of Voter Turnout. How Conservatives Profit from Rainy Day Elections, in: DIW Discussion Papers 1463, 2015 • Französische Revolution/Katalysator: Ronald D. Gerste: Wie das Wetter Geschichte macht, Stuttgart 2015, S. 150 • Napoleon: Gerste: Wetter: S. 177ff • D-Day: Ginger Strand: The Brothers Vonnegut. Science and Fiction in the House of Magic, New York 2015, z. n. Vieser: Wetter, S. 129; Gerste: Wetter, S. 217ff • Postbote: Charlie Connelly: Bring me sunshine, London 2013 • Alle reden vom Wetter: https://tinyurl.com/wetter-reden • Frank Lloyd Wright: Barnett: Rain, S. 125f. • Secrest: Meryle Secrest, Frank Lloyd Wright. A Biography, Chicago 1992, S. 372, z. n. Barnett: Rain, S. 128 •

Nachgedanken

Mitwelt: Der Begriff geht auf Franz von Assisi zurück und wendet sich dagegen, die Umwelt einseitig als »Gebrauchswert« für den Menschen zu definieren, vgl. https://tinyurl.com/mitweltschutz. Besingen: Macfarlane: Underland, S. 203, 275 und 465; der britische Pionier des Nature Writing spricht von »unsung« (ungesungen) oder von »undersung« (unterbesungen) • Andreas Weber: Unser geteilter Atem, in: Philosophie Magazin, Sonderausgabe 16 (Klimakrise, 2020), S. 22-25, hier: S. 25 •

Zum Weiterlesen

Zwar bieten viele Publikationen Gelegenheit, sich über die Entstehung des mitteleuropäischen Wetters zu informieren. Auch an wissenschaftlichen Grundlagenwerken zu Meteorologie, Hydrologie und Klimaforschung fehlt es nicht. Wer aber mehr über die kulturelle Dimension des Wettererlebens wissen möchte, findet wenige Angebote in deutscher Sprache. Neben dem Essayband von Michaela Vieser inspirieren deshalb vor allem wetterfühlige Sachbücher in englischer Sprache (wie die von Cynthia Barnett und Alexandra Harris). Hier eine Zusammenstellung:

Barnett, Cynthia:
Rain. A Natural and Cultural History,
New York 2015

Ein wunderbares Sachbuch, extrem kenntnisreich und weit ausgreifend recherchiert. Die Autorin beleuchtet das Phänomen Regen allerdings aus amerikanischer Perspektive – gleichwohl äußerst umsichtig und garniert mit vielen spannenden Reisereportagen, etwa aus Nordindien.

GEO-Redaktion:
Die Macht des Wetters (Geo kompakt Nr. 55),
Hamburg 2018

Das Phänomen Wetter wird hier verständlich und interessant erklärt. Die gute Grafik, wie man sie von GEO-Heften kennt, macht das Heft zu einer leicht verdaulichen Lektüre.

Gerste, Ronald D.:
Wie das Wetter Geschichte macht,
Stuttgart 2015

Erstaunlich, in wie vielen Momenten die Geschichte der Menschheit eng mit dem Wetter verknüpft war. Der Autor hat sie alle aufgespürt und beschreibt sie kundig und süffig.

Häckel, Hans:
Meteorologie,
Stuttgart 2021

Für alle, die Wetterphänomene grundlegend und wissenschaftlich erklärt bekommen wollen, gibt es dieses Standardwerk in der siebten Auflage.

Harris, Alexandra:
Weatherland. Writers and artists under English skies,
London 2015

Ein bezauberndes Buch über das englischste aller England-Themen: das Wetter - und wie es Kunst und Literatur auf der Insel geprägt hat. Man staunt, wie stark der Einfluss von Nieselregen, Wolken und Co. auf das englische Geistesleben über die Jahrhunderte war.

Hautmann, Daniel:
Windkraft neu gedacht,
München 2020

Das lesenswerte Buch dieses Technikjournalisten enthält eine sehr gut verständliche, gleichwohl knappe Einführung in die Entstehung dessen, was wir Wetter nennen.

Illies, Florian:
Gerade war der Himmel noch blau,
Frankfurt/Main 2017

Ein Buch über Kunst – unter besonderer Berücksichtigung des Wetters. Eindringlich und klug formuliert von einem bekannten Journalisten und Bestseller-Autor (»Generation Golf«).

MacFarlane, Robert:
Underland. A Deep Time Journey,
London 2019

Der englische Guru des so genannten »Nature Writing« hat sich in die Unterwelt begeben. In Höhlen, Schächten und Bergwerken erschließt er neue Einsichten in sein Lieblingsthema, das Verhältnis des Menschen zur Natur.

Symader, Wolfhart:
Was passiert, wenn der Regen fällt?
Eine Einführung in die Hydrologie,
Stuttgart 2004

Fachinfo, die über umgangssprachlich formulierte Leitfragen vermittelt wird - ein schönes Konzept für Studierende der Hydrologie. Diese wissenschaftliche Disziplin erforscht so spannende Themen wie die Gasauflösung im Regen oder die Sichtverschlechterung im Schauer. Wer Genaues wissen möchte, ist hier richtig..

Vieser, Michaela:
Wetter. Zwischen Hundstagen und Raunächten,
Berlin 2020

Reizvolle Essays, die immer von einem Begriff aus der Wetterwelt ausgehen, verbinden überraschende Einblicke mit lesenswerten Anekdoten.

Weber, Andreas:
Alles fühlt. Mensch, Natur und die Revolution
der Lebenswissenschaften,
Berlin 2007

Keine leichte Lektüre – aber niemand anders wagt einen solchen gedanklichen Spagat zwischen Philosophie und Biologie. Der Autor ist dem gängigen Denken über Natur weit voraus und entwickelt eine eigene Sprache für das Verhältnis Mensch-Natur.

Dank

Auf den verschlungenen Pfaden von der Idee zur Fertigstellung hat dieses Buchprojekt von der Hilfe vieler profitiert. Ich danke allen, die mich unterstützt haben: Johannes Stahl, der half zu sortieren, wenn das Durcheinander zu groß wurde. Sebastian Pranz und Dirk Brall sowie Ulla und Winfried Lachauer für wichtige Anregungen und Impulse zum Konzept. Abraham Fischer für Tipps zu Richard Wagner. Hannes Leo Meier für Hinweise auf Regen in Literatur, Theater und Musik. Michaela Vieser für kollegiale Hilfe bei der Literaturbeschaffung. Roger Lehnen und Achim Scholtz für offene Geister und Ohren auf unseren Regengängen. Und den sehr vielen Menschen, die ihre Regen-Assoziationen mit mir geteilt oder mich auf andere Weise unterstützt haben – die folgende Liste ist unvollständig: Wolfgang Buntrock, Witali Bytschkow, Ralf Dorn, Ulrike Hildmann, Klaus Kegebein, Bettina Salis, Hannes Schrader, Jörg-Achim Zoll.

Ich danke meinen Verlegern, Karin und Bertram Schmidt-Friderichs, für ihr Vertrauen in mein Konzept, für vielfältige Anregungen und ausführliches Feedback, das immer einen Schritt weiterführte. Sie haben ein großes Herz für Kreative.

Über den Autor

Dr. Christian Sauer, Jahrgang 1963, ist Autor, Seminartrainer und Coach in Hamburg. Er ist gelernter Journalist (Volontariat »Tagesspiegel«, Berlin) und hat als Reporter und Redakteur für namhafte Medien gearbeitet, von der Nachrichtenagentur bis zur Fachzeitschrift. Von 1999 bis 2006 war er Mit-Gründer und Stellvertretender Chefredakteur des Magazins »chrismon«. Heute bildet er Teamleiter/innen fort, coacht Chefredakteure/innen und Geschäftsführer/innen und berät Unternehmen zu Führung und Organisation. – Wann immer er Zeit findet, ist er draußen unterwegs, bei jedem Wetter. Für Einzelkunden und Gruppen bietet er Draußen-Coaching an.

Von ihm sind u.a. erschienen: Souverän schreiben. Klassetexte ohne Stress (Frankfurt/Main: FAZ Buch 2007), Der Stellvertreter. Erfolgreich führen aus der zweiten Reihe (München: Hanser 2016), Draußen gehen. Inspiration und Gelassenheit im Dialog mit der Natur (Mainz: Verlag Hermann Schmidt 2020) sowie zahlreiche Fachpublikationen zu Medienthemen.

Kontakt: info@christian-sauer.net,
www.christian-sauer.net

Vom gleichen Autor

Draußen gehen ist eine wunderbare, lange erprobte, einfache Form, zu sich selbst zu finden. Jahrtausendelang war das Gehen in der Landschaft das wichtigste Fortbewegungsmittel des Menschen. Unser Körper ist dafür gemacht. Heute sitzen wir vor Bildschirmen und holen uns die Natur als Instafeed ins Haus.

Dieses Buch lockt Sie nach draußen. Es nimmt Sie mit auf einen Weg zur einfachsten, so nahe liegenden Inspirationsquelle: der Landschaft vor Ihrer Haustür. Es bringt Ihnen die Bewegung des Gehens nahe und ebnet den Weg zum Auftanken im Kreativ-Alltag. Zur Rekreation und zu einem gelingenden Leben.

Denn Gehen erlöst den Gehenden von sich selbst.

Draußen gehen
Inspiration und Gelassenheit im Dialog mit der Natur
Zweite Auflage

Gestaltung: Klaus Neuburg
176 Seiten, durchgehend in vier Sonderfarben gedruckt
mit 20 Illustrationen von Franca Neuburg
Format 14,3 x 23,1 cm
Farbig bedrucktes Leinen-Flexcover mit rundem Rücken
und eingelegtem Leinen-Lesezeichen

29,80 Euro
ISBN: 978-3-87439-928-9

Eines der schönsten deutschen Bücher 2020

© 2021
Verlag Hermann Schmidt & beim Autor
1. Auflage 2021

Illustrationen: Franca Neuburg
Gestaltung: Klaus Neuburg
Satz: Greta Rugullis
Lektorat: Karin Schmidt-Friderichs
Korrektorat: Sandra Mandl
Verwendete Schriften: Untitled Sans,
Untitled Serif
Papier: 115 g/m² Munken Print White
Gesamtherstellung: Eberl&Kösel,
Krugzell

verlag hermann schmidt

Gonsenheimer Straße 56
55126 Mainz
Tel. 06131/50 60 0
info@verlag-hermann-schmidt.de

ISBN 978-3-87439-957-9
Printed in Germany with Love.

Stay tuned!
Alle zwei bis vier Wochen versenden
wir Newsletter, in denen wir über
aktuelle Neuerscheinungen,
Veranstaltungen und Aktionen
informieren. Abonnieren Sie ihn auf
www.verlag-hermann-schmidt.de
facebook: Verlag Hermann Schmidt
twitter/instagram: VerlagHSchmidt

Wir übernehmen Verantwortung.
Nicht nur für Inhalt und Gestaltung,
sondern auch für die Herstellung.
Das Papier für dieses Buch stammt aus
sozial, wirtschaftlich und ökologisch
nachhaltig bewirtschafteten Wäldern
und entspricht deshalb den Standards
der Kategorie »FSC Mix«.
   Die Druckerei ist FSC- und PEFC-
zertifiziert. FSC (Forest Stewardship
Council) und PEFC (Programme for
the Endorsement of Forest Certification
Schemes) sind Organisationen, die
sich weltweit für eine umweltgerechte,
sozialverträgliche und ökonomisch
tragfähige Nutzung der Wälder ein-
setzen, Standards für nachhaltige
Waldwirtschaft sichern und regel-
mäßig deren Einhaltung überprüfen.
Durch die Zertifizierung ist sicher-
gestellt, dass kein illegal geschlage-
nes Holz aus dem Regenwald verwendet wird, Wäldern nur so viel
Holz entnommen wird, wie natürlich
nachwächst, und hierbei klare
ökologische und soziale Grundan-
forderungen eingehalten werden.

Bücher haben feste Preise!
In Deutschland hat der Gesetzgeber
zum Schutz der kulturellen Vielfalt
und eines flächendeckenden Buch-
handelsangebotes ein Gesetz zur
Buchpreisbindung erlassen. Damit
haben Sie die Garantie, dass Sie
dieses und andere Bücher überall
zum selben Preis bekommen: Bei
Ihrem engagierten Buchhändler vor
Ort, im Internet, beim Verlag. Sie
haben die Wahl. Und die Sicherheit.
Und ein Buchhandelsangebot, um
das uns viele Länder beneiden.